公式ガイドブック

日本一楽しい
ソフトテニスの本

はじめに

ソフトテニスを続けてきて本当によかった。

小学生・中学生時代のボクはソフトテニスが好きすぎて、寝ても覚めてもテニスの毎日でした。ただし負けず嫌いな性格だったため、ゲームをして負けるとすぐに泣いて、毎日の感情は忙しかったです。

高校に入って全国大会の舞台を経験させてもらうようになると、「このままソフトテニス関係の仕事がしたい」、できることなら「トップ選手になりたい」と思うようになりました。ただ、子どもの頃からの性格はそう簡単には変わりません。勝ちにこだわりすぎてだんだんとエスカレートしていき、そうしたら負けるのが怖くなってソフトテニスの楽しさを忘れた時期があります。とは言うものの、県や関東では1位や2位という成績だったので、「大学では日本一を目指す！」と心に決め、入学しました。

ところが、大学では全国上位校の強さを目の当たりにし、自分の未熟さを知り、実業団に入ってからは、最初こそ日本リーグや国体でそこそこ活躍しましたが、3年目くらいでまったく勝てなくなり、そういうメンタルの中で周囲を見渡すと自分の限界もなんとなくわかってしまい、ボクは日本のトップレーヤーにはなれない……そう思う日々が続きました。そしてついに苦しさは限界に達し、あんなに好きだったソフトテニスをやめることにしました。このボクの紆余曲折は本の中に書いてあります。

〈ＹｏｕＴｕｂｅｒ〉という職業が流行り出し、ボクがそれを職業にしようと始めてしばらくした頃、ふと自分のプレー動画を配信したら、それを見た人たちが「面白い」とか「もっと動画をあげてください」といったコメントを寄せてくれました。すごくうれしかったです。そして、その「いいね」ボタンとコメントがボクを再びソフトテニスの世界へと戻してくれたのです。

ボクの今の職業は〈ソフトテニス動画クリエイター〉です。この職業と周りの環境は、かつてボクが思い描いていた「ソフトテニスのトッププレーヤーになる!」というものとは違うものになっていますが、でもボクは〈今〉をとても気に入っています。ソフトテニスを通じて出会った仲間たちとの楽しい時間、仲間たちの協力と応援、そして視聴者のみなさんの後押しが、今のあゆタロウを支えてくれています。

自称「日本一ソフトテニス〝バカ〟なボク」の半生、動画の記録、撮影の舞台裏などを記しました。読んでもらって希望や夢、楽しさが少しでも伝わったらいいな。目の前のものにどう向き合うかで人生はあらぬ方向に行くということが伝わりますように。

あゆタロウ

CONTENS

ファンレター、いつもありがとうございます

Part 1

あゆタロウってこういう人

ボクの履歴書 ～本人が語る半生。

2024年4月某日

ふりがな　いしぐろゆうき

本名　**石黒湧己**

1990年12月25日（満33歳）　男・女

▪出身	神奈川県相模原市生まれ
▪職業	ソフトテニス動画クリエイター
▪趣味	ソフトテニス、歌
▪身長	168cm
▪健康状態	良好
▪家族構成	妻・みほたん、 長男・虎ちゃん、第2子まもなく……

写真◎本人私物、BBM

年	月
1990	12

神奈川県相模原市で石黒家の長男として生まれる。

僕が生まれた家は上に山があって、下には川が流れているような田舎にありました。最寄り駅はＪＲ相模線の下溝駅で、昔も今も基本的に無人駅です。８年前に駅舎がリニューアルされましたが、たしか小学生高学年の頃、ＩＣカードが使えるようになりました。それまでは降りる際に切符を入れる箱が置いてありました。

当時は両親と、お母さん方のおじいちゃんとおばあちゃん、それに叔母さんもいっしょに住んでいて、おじいちゃんは僕が物心つく前に亡くなったので、記憶がある中では5人で生活していました。

僕は「湧己」と名付けられ、家族からは普通に「ゆうき」と呼ばれていました。名前の由来は聞いたことがありますが、どういう意味だったかは憶えていません。

ほかに兄弟がいなくて一人っ子だったので、かなり甘やかされて育てられたと思います。誕生日がクリスマスですから、プレゼントはいっしょにまとめられてもおかしくありません。でも、僕は両親から誕生日とクリスマス、それにサンタさんにも頼んで、3つのプレゼントをもらっていました。サンタさんへの希望は欲しい物を書いた紙を枕元に置いていましたが、希望のプレゼントが届いたことはなかったです。保育園の頃か小学校に入ってからか、ジャッキー・チェンにハマった時期があって、ヌンチャクをお願いしたら、テレビの人気番組『これができたら100万円』のイライラ棒のおもちゃが届きました。ただ、今振り返ると、ハマったのはジャッキー・チェンではなく、ブルース・リーだったかもしれません（笑）。

両親が共働きだったので、幼少期は保育園に通い、夕方、仕事を終えたお母さんが迎えに来るのを待つという毎日でした。砂場で山や道を作って水を流したり、泥だんごを作ったりしていた記憶があります。

おそらく保育園児の僕と、
隣はお母さん。なぜ角刈り!?

生後まもなく、お父さんと入浴

年	月
1996	4

相模原市立麻溝小学校に入学。

小学生になると、常にみんなの中心に居たがっていた気がします。目立ちたがり屋なんでしょうね。例えば誰かがケンカをしていたら、すぐに間に入って止めました。うまく仲裁できると、みんなからすごいと言われるのがうれしかったし、どこかリーダー気質があったのかもしれません。

当時はドッヂボールに熱中しました。1年生で入った子ども会では、土曜日や日曜日の週1、2回、公園や施設を借りてドッヂボールをやっていて、気づいたら僕も夢中になっていました。そのチームは結構強くて、その後、全国大会に出たりするようにもなります。ドッヂボール自体はどんどん上達して楽しかったのですが、練習がとにかくきつかった。至近距離から投げられたボールを取る練習では身体にアザができるほどでしたし、何よりウォーミングアップのランニングがつらかったです。肺をゼイゼイ言わせながら走って、でも、みんなについていけず、毎回のように泣いていました。一時期、ドッヂボールに行

小学校低学年
ドッヂボールの大会に出場。
僕は前から2列目、
右から2番目の赤いユニフォーム

小3頃
右は近所の友だち。
僕は3年生の夏頃から
太り始めた……

きたくないと言っていた時期もあります。ただ、学校の休み時間にドッヂボールをやると、ヒーローになれるのが楽しかったです。

ランニングでみんなについていけなかったのは、小学生になってから体重がみるみる増えていき、肥満体形にまっしぐらだったからです。原因ははっきりしています。同居していたおばあちゃんです。働きに出ていた両親に代わって、いろいろおやつを与えてくれるので、それを食べていたら丸々と太っていきました。特に夏休み期間中はお菓子ばかり食べていて、小学3、4年生の時期がピークというか、顔も身体もパンパンでした。ちなみにお父さんもお母さんもごく一般的な体型です。

年	月
1999	4

厚木市に引っ越し、厚木市立南毛利小学校に転校。

3年生が終わる頃、両親が離婚しました。お父さんの仕事がうまくいっていなかったのか、詳しい事情は知りません。ある日の朝、起きたときにお母さんから別々に暮らすと伝えられ、僕は大泣きしました。お父さんは自由人というか、「学校なんて別に休んでいいから」と、よく遊びに連れていってくれるような人でした。夜中に急に起こされて、ラウンドワン（Ｒｏｕｎｄ１）に行ったこともあります。僕の自由奔放な部分は、お父さんとすごく似ているなと感じます。僕から見たお父さんは何ひとつ悪いイメージがなく、好きだったので、やっぱり寂しかったです。

4年生に上がるタイミングでお母さんは同じ職場だった人と再婚し、その人の仕事の関係で厚木市に引っ越しました。新しいお父さんは実のお父さんとは真逆と言えるような性格で、飲みにも行かないし、「正座して食べなさい」とか「返事は『はい』と言いなさい」とか厳しいことを言うので、最初の頃はしょっちゅうぶつかっていました。親子関係がそれまでとは180度変わったような感じでした。

引っ越しにともなって南毛利小学校に転校しました。太っていた僕は、新たな学校で、「毎月29日は肉だから石黒の日だ」と、からかわれるようになりました。現在で言えばいじめに近かった気もしますが、仲が良くなった友だちもたくさんできたので、学校に行きたくないと思うほどの状況ではありませんでした。

新しい友だちとは流行っていた遊戯王カードを集めたり、ベイブレードというコマのようなおもちゃで遊んだりして毎日を過ごしました。遊戯王カードは好きすぎて、学校に持っていけなかったため、みんなで段ボールを切って、絵は描けないけれど攻撃力や防御力といったデータを書き込んで、疑似カード対決をしていました。もちろん、作れるのは自分が実際に持っているカードだけで、「持っていないカードを書くようなズルはするなよ」とみんなで徹底するほど熱中しました。

引っ越してからはドッヂボールをやる環境がなく、おばあちゃんと叔母さんが残っていた前の家にたまに遊びに行ったときに、それまでの友だちとドッヂボールをしたぐらいです。

年	月
2000	4

5年生で厚木市立毛利台小学校に転校。

5年生になるとき、厚木市の学区が変更され、僕は毛利台小学校に転校しました。南毛利小学校での生活はたった1年で終わりました。

1年前に厚木市に引っ越してからは、おばあちゃんと暮らしていた頃ほどお菓子をたくさん食べる機会は減りましたが、太っている体型はほとんど変わっていません。その頃、お母さんから「男なんだから、そろそろ何かスポーツをやらないと」と言われるようになりました。お母さんは若い頃からいろいろなスポーツをまんべんなくやっていて、スポーツ万能なタイプです。ソフトテニスをやっていた時期もあったようです。「勉強しなさい」と言われた記憶はまったくありませんが、我が子が運動をせずに家でゲームばかりして遊んでいるのは我慢できなかったのかもしれません。

まずサッカーに挑戦しようと思い、何人かの友だちが入っていた地域のチームに体験に行きました。そのチームも結構厳しく、相変わらずランニングから苦戦を強いられました。

ボールを使った練習が始まっても、サッカーなんてしたことなかったので思うように扱えません。パスを要求してくる人が「ヘイ！ヘイ！」とグイグイ言ってくる。それらのことが嫌でサッカーは1日で辞めました。
　次に野球の体験に行きましたが、それも1日で辞めました。ドッヂボールをやっていたので投げるのは好きでしたが、その日の練習はウォーミングアップのような動きづくりのメニューばかりで、野球らしい練習まで行きませんでした。どちらも走らないといけないスポーツですから、サッカーも無理なら野球も無理だろうなとは何となく感じていました。無理だろうなという考えでやってみて、やはり無理でした。ただ、僕は走るのは大嫌いでしたが、短距離は速いほうで、運動会ではリレーのメンバーに選ばれてアンカーを務めたこともあります。

小5頃　僕の右はお父さん。
友達家族とBBQ

みるみる太っていく……

年	月
2000	10

『テニスの王子様』をきっかけに、ソフトテニスと出合う。

サッカーも野球も1日で辞めてしばらくしたあと、『テニスの王子様』という漫画の第1巻をお母さんが知り合いからもらってきて、「テニスがいいんじゃない?」と勧められました。『テニスの王子様』はとても面白くて、僕もテニスをやってみたくなりました。そこで100円ショップでラケットとボールを買い、友だちと遊んだら1回でラケットを壊してしまいました。それも当然で、買ったのはバドミントンのラケットだったのです。テニスとバドミントンのラケットが違うことも最初は知りませんでした。

それから両親が探してくれて見学に行ったのが、のちに入ることになるソフトテニスの玉川ジュニアというクラブチームでした。5年生の終わり頃だったと思います。初めて体験に行った日に思ったのは、ボールが違うなということです。『テニスの王子様』では黄色いボールを打っているイメージでしたが、目の前で行われているテニスでは白いゴムボールでパコーン、パコーンと軽快な音を響かせています。「これは練習用のボールなんだな」と思いました。ソフトテニスというスポーツを知らなかったのです。

ただ、玉川ジュニアの練習は、僕が嫌いなウォーミングアップがなく、非常に良いものでした。体験だったからか、教えてくれた人がとてもやさしく、すぐにラケットを持たせてくれました。円の中に立って、ラケットの上でボールをポンポンポン……と10回連続でバウンドさせるだけでしたが、その日の体験がとても楽しく、瞬く間に僕はソフトテニスにハマっていくことになります。

年	月
2000	10

デビュー戦はボロ負けも一気にレベルアップ！

玉川ジュニアで体験をして次の週に行ったときに、さっそく入会して、その翌日が大会でした。その大会に先輩たちの応援のつもりで行ったら、いきなり試合に出ることになりました。いっしょに入会した近所の岡田遼太郎君とペアを組まされましたが、僕も遼太郎君もルールがまったくわかりませんし、まともに打てません。サーブは全部ダブルフォールトで、レシーブも1本も返せず、あっという間に終わりました。

ただ、負けて悔しいといった気持ちは全然なくて、楽しかったという思いしかありませんでした。それにコーチから「見てごらん」と言われた選手が、ネットすれすれに低いボールをパーン！と打っていました。そんなボールを打つ選手は玉川ジュニアにはいなかったし、「練習すればああいうボールを打てるようになるよ」と言われたことが心に残りました。

玉川ジュニアは、当時はそれほどガツガツ練習しているようなクラブではなく、練習日は土日の1日か2日だけでした。土曜日にやるときは市営のコートを借りて約2時間、日曜日は玉川中学校か森の里中学校のコートで半日ぐらい練習していました。たまに1日使える日があって、そういう日は練習がすごく楽しみでした。指導してくれるコーチがやさしかったのも、ソフトテニスにのめり込んでいく要因になった気がします。

遼太郎君のお母さんは今でもソフトテニスをやっている方で、グリップテープの巻き方を教えてもらったり、週末の練習に車で送迎してもらったりしました。でも、僕たちは玉川ジュニアの練習だけでは飽き足らず、平日も学校が終わったあとにテニスをしました。その頃には遊びがテニスになっていました。近所の遊水池に無料のテニスコートがあって、本来は事前に使用許可をもらわないといけないのですが、申請をせずに無断で使っていま

小6　玉川ジュニアのメンバーたち。
僕は右側の奥

した。そのコートは市役所の管轄で、10数年後に僕が管理することになるとは思ってもいませんでした。

なぜ僕が後衛で、遼太郎君が前衛だったのかはっきり覚えていません。たぶん、たくさんボールが打てるという単純な理由で僕が後衛を希望したのだと思います。サッカーや野球ではウォーミングアップで走ることがあれだけ嫌だったのに、ソフトテニスで走るのは苦になりませんでした。

好きで楽しくやっていたら、ソフトテニスがどんどん上達していきました。僕と遼太郎君のペアは5年生の間に6年生よりもうまくなり、クラブの1番手になりました。すると、何度目かに出場した大会で神奈川県の3位に入賞。1位と2位の子がすごく上手で差を感じましたが、人生で初めてメダルを手にしたことは本当にうれしかったです。

体型もソフトテニスを始めて一気にスリムになりました。ゴムまりと言われていたのが、まるで空気が抜けたように痩せて、この頃の写真を見返すと、いったい何があったんだと思われるくらい別人に変化しました。

年	月
2003	4

厚木市立玉川中学校に入学。

中学ではソフトテニスで頑張ろうと決めて、厚木市立玉川中学校に入学しました。中学からはペアは別々になりましたが、遼太郎君もいっしょでした。

玉川中学にはいろいろと細かな校則が多かったです。襟足は何cm以内にしないといけないとか、腰の位置でズボンを履く〝腰パン〟は禁止とか、真面目学校の典型のような感じでした。中学校の敷地は山の斜面に段々になっていて、1番上に校舎、その下に体育館、その下にグラウンド、1番下にテニスコートがありました。朝練は毎日、時間ギリギリまでやっていたので、練習が終わったら急いで制服に着替えて、坂を走って上っていかないと授業に間に合いません。それにシーブリーズのような制汗剤を使ってはいけないという規則もあったため、夏などは特に汗をダラダラ流しながら1時間目の授業を受けていました。周りの人に配慮するなら、絶対に使ったほうがいいのにと今になっても思います。

ソフトテニス部顧問の松田先生は体育大学出身で、競技歴も長く、すごく熱量があるからこそ、めちゃくちゃ怖い先生でした。仮入部で来た新入生に対して、「脚、50mで何秒？」と聞いて、そのタイムに達していない子は入部を認めませんでした。脚が遅くてもそこで食い下がれば、おそらくは入れてもらえたのでしょうが、多くの1年生は「じゃあ、辞める」という感じで去っていきました。

松田先生の熱心な指導もあって、ソフトテニス部はかなり強い部でした。特に2つ上の先輩は強い選手が多くて憧れました。中でも滝上／小山という先輩ペアが関東大会に行ったのを見て、すごい場所だなと感じた関東大会に行くことが僕の中学時代の目標になりました。

小山先輩は面倒見の良い人で、「秋の1年生大会、お前なら絶対に優勝できるから」と、朝練メニューを組んでくれたり、夜のランニングに付き合ってくれたりしました。小山先輩は今、学校の先生をしていて、当時からちょっと学校の先生っぽかったなと感じます。先輩のおかげで1年生大会は、厚木愛甲地区で優勝することができました。その結果、厚木選抜に選ばれて、1年生関東という大会で2位になりました。

年	月
2003	4

全国トップクラスの石川／岩﨑を知る。

滝上／小山は尊敬する先輩でしたが、玉川中学と同じ地区にあった小鮎中学には、これも2学年上に石川／岩﨑という全国トップクラスの選手がいました。全国中学校大会では優勝候補に挙がるようなペアで、特に岩﨑さんは今で言う全日本のアンダーチーム、当時はジュニア・ナショナルチームと呼ばれていた若い世代の日本代表候補に中学生で久しぶりに選ばれるような選手でした。

体験入部のとき、小鮎中に練習試合に行って、石川／岩﨑と試合をさせてもらう機会がありました。自分の能力に自信を持って中学のソフトテニス部に入部した僕でしたが、石川／岩﨑からは1ポイントしか取れませんでした。力の差を見

中1 滝上／小山の送別会で同期5人が整列。左から箭内、佐藤、佐々木、岡田、僕

せつけられたという以上に、こてんぱんにやられたという印象が今も脳裏に焼きついています。

同じ地区なので玉川中と小鮎中は試合でよく対戦します。僕が手も足も出ない滝上／小山に対しても、大人のようなテニスで圧倒してしまう石川／岩崎のプレーを見て、どれだけ強いんだろうと思いましたし、上には上がいるんだと先がまったく見えませんでした。

年	月
2004	4

ソフトテニスの土台をつくってくれたのが木村先生。

中学時代はとにかくソフトテニス漬けの毎日でした。朝練や放課後の部活以外にも、昼休みやちょっとした空き時間があれば、ボールを打ちに行きました。小学6年生から塾にも通っていましたが、中学に上がってからはテニスが好きすぎて、塾をサボって1人で壁打ちに行ったこともあります。今までそのことを親に咎《とが》められたことはありませんが、なんとなくお母さんにはバレていた気がします。自分が親の立場だったら、高い月謝を払って塾に通わせているのに、とブチ切れるでしょうね。

2年生に進級するタイミングで、松田先生は小鮎中学に転任されました。2年目から見ていただいたのは木村先生です。木村先生ご自身はソフトテニスの経験はありませんが、いくつかの学校で顧問をやってこられた方で、指導歴は長かったはずです。

何しろ僕は勉強が苦手で全然できない子でした。やんちゃそうで勉強ができないならまだわかりますが、残念なのが僕の場合、真面目な雰囲気でいるくせに勉強ができない所です。だから怒るにも怒れない先生が多かったはずです。そんなときに、「中学校で部活動を頑張れば、高校の推薦をもらえるかもしれないよ」と言ってくれたのが木村先生でした。僕はそれを聞いて、勉強するぐらいだったらと、よりソフトテニスに熱を入れるようになりました。

木村先生の指導は僕に合っていたというか、テニスの土台をつくっていただいたように感じます。僕は頭が良くないくせに、いろいろ考えすぎて打てなくなることがたびたびありました。そういうとき、木村先生からは「石黒はとりあえず10球打つことだけを考えなさい」と言われるので、毎回1ラリー10本シュートを打つことに集中しました。最初はロブを上げたら怒られましたが、10本シュートができたら、次は「3球目にロブを上げたらいいんじゃないか」と言われます。単純でしたが、そうやって毎回不調から脱していけました。

年	月
2005	8

関東大会出場の目標を果たしたけれど……。

中学3年間は、箭内《やない》裕也という運動神経の良い前衛とペアを組みました。小学生の頃にペアだった逵太郎君はおとなしく、自分の意見をあまり言わないような子でしたが、箭内君はそうではなく、ガツガツしたタイプでした。

僕たちのペアはとにかく仲が悪いことで有名で、しょっちゅうケンカをして、校長室に呼び出されたこともあります。僕は高校進学がかかっているから一生懸命練習したい。箭内君はすぐに遊んでしまう。そこで僕が「ちゃんと練習しろよ」とキレ気味に注意すると、箭内君も反発してキレるというのが、ケンカになるいつものパターンでした。箭内君は僕がいないときはちゃんと練習するくせに、僕がいるとわざとやらないという天邪鬼《あまのじゃく》な面がありました。当時の僕は「自分は100%悪くない」と思っていましたが、勝ちたい人と、楽しくやりたい人ではどうしてもズレが生じます。しかも中学生ですから自分中心になってしまうのは仕方がないことでした。ただ、試合になるとお互いに頑張るので、頼りにしていたし、楽しかったです。

中学3年間で、自分が確実に成長している手応えがありました。ジュニアの頃、県1位や2位だった子がすごくうまく見えたのに、中学2年ぐらいからその子たちには全然負けなくなりました。3年生のときは県大会でベスト8に入り、ギリギリながら関東大会に行くことができました。入学当初からの目標を果たせたので、とてもうれしかったです。

関東大会では1回戦で簡単に負けました。チームメイトやOBの先輩、両親などたくさんの人が応援に来てくれたのに、何もできずに負けてしまい、申し訳ない気持ちでいっぱいでした。それに何より、勝ち上がって全国大会行きを決めていく選手を見ながら、「なんで自分は関東大会を目標にしていたんだろう」と残念な気持ちが湧いてきました。あれだけ憧れた関東大会だったのに、いざその舞台に立つと意外と身近だったことに気づきま

中2　神奈川県の
新人戦で僕と箭内君

した。「もっと目標を高くしても良かったかな……」。そう思えば思うほど悔しさがこみ上げてきます。

小学生の頃は毎日、ただただ楽しんでいたソフトテニスでしたが、負けて悔しいという感情を覚えたのが中学時代だったような気がします。

年	月
2005	9

島田礼二君へのアプローチが実り、伊勢原高校へ。

関東大会で初戦敗退に終わった僕は、「高校では全国を目指そう！」と心に決めました。そとにかく勝ちたかったので、自分の代の強い人たちが行く学校にしようと考えました。その情報をどうやって仕入れたのか。県大会の表彰式のとき、僕は上位に入賞した選手たち全員のプロフィールや連絡先を聞いて回ったのです。各校の顧問の先生にも、「○○君はどこの高校に進む予定ですか？」と聞き、リストを作りました。

中でも僕は、中井中学の島田礼二君という選手が気になっていました。ずっと野球で活躍してきた島田君は、中学2年の秋にソフトテニスを始めて、翌年の全中に行ってしまうほどの天才肌です。ジュニアからやっていながら関東大会1回戦負けの僕にとっては、理解しがたいキャリアの持ち主でした。中井中学の先生に「高校で島田君と組みたいです」と直談判しに行くと、「私が決めることじゃない」と言われました。そんな当たり前のことすら気づきませんでした。

島田君本人とも話しましたが、ひょっとしたら島田君や周りの人たちからは気持ち悪がられていたかもしれません。それは島田君だけでなく、表彰式のときに連絡先を聞いて回った選手みんなが思っていた可能性があります。優勝した人から「いっしょにやりたい」と言われれば、うれしいと感じるでしょうが、自分より劣る成績の人からグイグイと猛烈にアプローチされたら、気味が悪いと思うのは当然と言えば当然です。

そんなこんなで最終的には4つの高校に絞りました。長く神奈川県の強豪として君臨する東海大学付属相模高校、同じく実力校の向上高校と相洋高校、そして、県立の伊勢原高校です。東海大相模からは推薦をいただき、向上は特待Aとしてお誘いをいただきました。でも、僕は伊勢原高校に行くことになりました。顧問の福田稔先生から電話で「お前はもうメンバーに入っているぞ」と言われたことと、やはり島田君と同じ高校に行きたかったからです。

当時の伊勢原高校は、僕の2つ上の学年が「黄金世代」と呼ばれ、あの小鮎中出身の石川／岩﨑を中心に、06年のインターハイで団体戦準優勝に輝くなど絶頂期にありました。黄金世代の先輩たちは、全日本小学生選手権で団体優勝したメンバーで、中学校はペアごとに別々の学校に進んだものの、県大会では常に上位を占め、また高校で再結集した人たちです。そういうストーリーもやけにカッコよく見えました。先輩たちが在学中の伊勢原高校は、関東大会5連覇という偉業を達成しました。

年	月
2006	4

島田君とのペアで高校生活がスタート。

伊勢原高校に入学した僕は、念願叶って島田君とペアを組むことになりました。島田君と中学時代にペアを組んで県大会で優勝した後衛の子もいましたが、当時の僕は本当に負ける気がしなくて、中学での最高成績は県大会ベスト8だったにもかかわらず、自信満々で「この学年の後衛の中では俺が神奈川で1番うまい」とみんなに言っていました。

高1　伊勢原高校は関東大会団体戦で優勝。1年生の僕は前から5列目、右の木の近くに座っている赤いユニフォーム

顧問の福田先生は、黄金世代のメンバーでもある福田勝吾先輩のお父さんです。全国優勝を目指すようなチームの練習はそれなりに厳しく、ウォーミングアップのランニングからきつかったです。相変わらず走ることは好きではありませんでしたが、さすがに玉川ジュニアのときのように泣くことはなかったです。それに福田先生からは常に「ソフトテニス部は伊勢原高校の顔。ほかの生徒の模範であれ」と言われ、「第1ボタンを締めなさい」「放課後に寄り道をしてはいけない」など、テニス以上に私生活や学校生活をしっかりすることを求められました。

「全国大会に出場する」という目標を掲げ、意気揚々と始まった高校でのソフトテニスですが、1年目は2学年上の先輩たちがすごすぎて、憧れながら背中を追っていた感じです。個人戦では県大会で関東行きを決める所まで勝ち進み、団体戦では部内の選考試合に勝って、控えの4番手に入ることができました。

年	月
2007	8

高校2年目で全国の舞台に立つ。

2年生になると、県大会で中学校の頃に勝てなかった選手に負けなくなりました。個人戦では夏の佐賀インターハイに出場し、団体戦では秋の新人大会を勝ち上がって、翌2008年の全国選抜大会出場を果たしました。もちろん、全国大会に出られたうれしさはありましたが、インターハイは2回戦で敗れ、選抜は初戦で負けたことで、悔しさのほうが大きかったです。特に選抜は優勝候補だった岡山理科大学附属に対して0勝3敗だったものの、3試合すべてが接戦で、僕たちの中では「もっとうまくやれば勝てた」という思いを残しました。

ちなみに高校では3年間、島田君と組み続けましたが、中学の頃と同じく、ペア間の仲はあまり良くありませんでした。島田君は3年生になってキャプテンを務めるような真面目な子でしたが、僕はいろいろとルーズで、朝練には遅刻寸前のギリギリに到着したりしていました。そういったことを指摘されるうちに雰囲気が怪しくなっていきました。でも、試合でのコンビネーションは抜群だったと思います。

一度だけペア解散の危機があります。2年生のインターハイが終わったあと、僕がそういうルーズな子でしたから、島田君の親が「石黒君では、うちの礼二はこの先もう勝てないからペアを代えてほしい」と先生に言ってきたのです。僕は、「島田と組まなくても勝てる」と子どもみたいな発言をして意地を張りました。すると福田先生は、「ペアは俺が決める。親が決めることじゃない」と突っぱね、石黒／島田はそのままペアを継続することになりました。

年	月
2008	4

福田稔先生のために〝奇跡を起こす〟。

2年生の全国選抜につながる秋の新人戦直前、福田先生の身体にガンが発覚し、医師から余命4ヵ月と宣告されたことを伝えられました。本当に余命4ヵ月なら翌年の春まで持たないことになります。僕たちはすごくショックを受けました。でも、先生は「お前たちのインターハイは見に行くから」と言ってくれ、ご自身でも病気のことを勉強しながら闘病生活に入られました。「奇跡は起きるものではなくて起こすものだ」というのが福田先生の口癖でした。だから僕たちも「インターハイに行かないと駄目だろう」と、よりいっそう、練習に熱が入るようになりました。

3年生になった僕たちは、県内ではほとんど負けなくなりました。個人戦では関東大会で決勝まで行きました。入学当初に2つ上の〝黄金世代〟の先輩たちに憧れていた僕たちの学年は、逆に後輩たちからはスーパースター軍団のように思われていました。ただ、伊勢原高校としては充実期にあったこの頃、僕自身に怖いという感情が芽生え始めました。思えば2年生の夏も、僕たちは第1シードの有力ペアを破ってインターハイ行きを決めました。逆のことも十分にあり得ます。特に最後の夏は負けたら終わりです。そう考えると、怖くて眠れない夜もありました。

案の定、インターハイまでの道のりは険しいものでした。個人戦はインターハイ行きをかけた5回戦でもつれ、ファイナルゲームの2—5という絶体絶命の状況から何とか逆転して勝ちました。団体戦は最後の4チームに残ったものの、総当たりのリーグ戦の初戦でまさかの敗戦。最終戦の東海大相模に勝って、3チームが2勝1敗で並びましたが、得

高3　神奈川県インターハイ予選で優勝。僕は前列右から2番目。左端は闘病中だった福田先生の不在を埋めてくれた副顧問の鳥井先生

高3
僕(右)と島田君のペアは関東大会個人戦で準優勝

失ゲーム差により僕たちは2位に終わりました。表彰式では優勝校の位置に並んだ東海大相模のメンバーが歓喜に沸いている横で、僕たちは号泣しました。

ところが、ここで信じられないことが起きます。結果発表で「優勝、神奈川県立伊勢原高等学校」とアナウンスされたのです。その場にいた誰もが状況を把握できていませんでした。どうやら得失ゲーム差の理解が間違っていたようで、優勝は正真正銘、伊勢原高校でした。僕たちは「奇跡を起こしました！」と動画を録画し、福田先生に送りました。

その後、福田先生は闘病生活を続けながら、8月の埼玉インターハイには会場まで足を運んでくださいました。僕たちは団体戦で初戦敗退。個人戦は3回戦敗退と結果を残せませんでしたが、精いっぱいのプレーを先生に見せることができました。

年	月
2008	秋

日本体育大学への進学を決意。

ソフトテニスは大学でも続けようと思っていましたし、行くなら日本体育大学の一択でした。福田先生が日体大出身で、伊勢原高校から日体大に進んだ先輩もいて、身近に日体大の方が多かったからです。ずっとお世話になっていたスポーツショップの荒木さんには、中学の頃、日体大の練習に連れて行ってもらったことがあります。中学生ながら〝軍隊みたい〟な雰囲気だなと感じて、そのときは行きたくないと思いましたが、高校生になって大学リーグ1部の学校で頑張ろうと考えると、明治、中央、法政、青山学院とどこも頭が良い大学ばかりで、勉強が苦手な僕にはちょっと厳しいなと。準優勝した高校3年生の関東大会には、日体大のコーチに見に来ていただき、日体大と東洋大から推薦のお話が来ました。日体大なら体育の勉強ができて、学校の先生という道もあります。それに何よりソフトテニスが強かったので、もう日体大しかありません。高校3年の秋の段階で、僕は日体大に進むと決めました。

年	月
2009	4

日本体育大学に入学し、上下関係の厳しい洗礼を受ける。

日体大は学生ソフトテニス界でもトップレベルにあります。全国の強豪高校から集まり、レベルが高いことも覚悟していました。その中でも僕は、レギュラーを取って頑張りたいと意気込んで入学しました。古い寮での全寮制で、初めて親元を離れて生活することになりました。今ではそういうことはまったくありませんが、当時は先輩、後輩の上下関係が本当に厳しい部でした。伊勢原高校の先輩はみんなやさしくて、そういう経験がなかったので、大学に入ったときのギャップがとても大きかったことを憶えています。

1年生はいろいろな仕事があって、食事も2年生といっしょに作ります。部内に細かな規則があり、今振り返ると理不尽なものが結構ありました。練習中は3秒に1回、「ファイト、ファイトー！」と声を出さないといけないし、先輩より後ろで球拾いをしてはいけない。乱打のときも1年生がコートの奥に行き、大声で「失礼します！石黒です。後衛です」と言って、相手コートに先輩が入ってくれるまで待たないといけませんでした。ほかにも、立ったまま飲み物を飲んではいけないとか、寮でもドアのノックの仕方が決まっていたり、ガチャッと音を立ててノブを回したりするのも禁止でした。そういった規則がびっしりと書かれたノートがありました。

ただ、入学してしばらくは1年生はお客さんのような扱いで、1年生が規則を守れないと、2年生が上級生にこっぴどく叱られました。それが、春季リーグ戦が終わる頃になるとお客さん扱いは解消され、1年生は日々、先輩たちから厳しい洗礼を受けることになります。12人いた同期は、徐々に減っていきました。試合ではほかの大学の人と話してはいけなかったので、日本大だけ別世界のように思われていたようです。

ちなみに今の日体大ソフトテニス部には、当時のような厳しすぎる上下関係や理不尽な規則はありません。OBが集まると、「昔はこうだった」という話に花が咲きます。僕たちの頃はさらに上の先輩たちに比べると、だいぶ甘かったようです。〝鉄拳制裁〟は日常茶飯事でした。でも、社会人になって多少厳しい場面に出くわしても、「大学の頃と比べれば……」と思えるので、そういう経験をできて良かったと思っています。

年	月
2010	

伊勢原高校の福田先生が亡くなる。

伊勢原高校でお世話になった福田先生が亡くなりました。僕が高校2年生だった秋に余命4ヵ月と診断された先生でしたが、それから病気と闘い、約1年半も生きてくださいました。

思えば高校時代の全国選抜やインターハイでは、治療のためにソフトテニス部から離れたにもかかわらず、現地まで応援に来てくれた福田先生にひどく叱られました。というより、普段から褒められたことはほとんどありません。でも、今でも仲の良い息子の勝吾先輩には、「父さんはお前らのこと、褒めてしかなかったぞ」と言われました。福田先生は日体大出身なので、身近にも先生のことをよく知る人が多くいます。みんなが「先生には恩がある」「尊敬している」と口をそろえるのを聞き、そんな福田先生のもとで学べて良かったと心から思いました。

▲
福田先生の言葉（2010年1月）が収められたDVD

年 月 2011

日の目を見なかった大学4年間。

僕のテニスは打球がそれほど速くない上、ガツガツ攻めていく感じではありません。それに日体大には高校時代に全国トップレベルで活躍し、のちに日本代表になっていくような後輩が毎年、次々と入部してきます。僕が日体大に在籍した4年間、全日本インカレの学校対抗では、準優勝、3位、優勝、3位と、優勝こそ1回ですが、常にベスト4以上に入るほどの強豪でした。でも、僕はずっと1軍にいながら団体戦のメンバーとして試合に出ることはありませんでした。インカレは各校3ペアなので出場は厳しいとわかっていましたが、4ペアとシングルス1人が出場できる春や秋の関東大学リーグでも4年間、レギュラーとして戦う機会は訪れませんでした。

玉川ジュニアでソフトテニスを始めて以来、玉川中学でも伊勢原高校でも常にチームで1番手だった僕は、大学になって初めてレギュラーではない立場を味わいました。個人戦ではいろいろな選手とペアを組み、2年生の関東オープンで3位に入ったり、全日本インカレは3回戦に行ったりしました。2年生のとき、国体で初めて神奈川県チームに入りました。高校時代に少年の部では国体のチームに入った経験がありますが、石川／岩﨑や日本代表の松口友也さん、小林幸司さんらがいる成年の部の神奈川はスーパースター軍団で、僕が最初に入ったときは補欠でしたが、チームは優勝を果たしました。大学の団体メンバーには入れない僕にとって、その国体チームに入れたことは救いでした。

小中高と比べると、一番苦しい時期を過ごしたのが大学時代でした。勝てないだけでなく、試合に出ることすらできない。自分は誰からも認められていないんじゃないか、と思うことも何度もありました。そういうとき、石川／岩﨑や福田先輩といった、ほかの大学に進んだ伊勢原高校の先輩や国体メンバーの先輩たちに相談しました。実際に行動に移すことはありませんでしたが、口では「辞めたい」と言っていたかもしれません。でも、辞めるにも勇気が必要です。推薦で日体大に入ったので、僕が辞めると、あとに続く後輩が

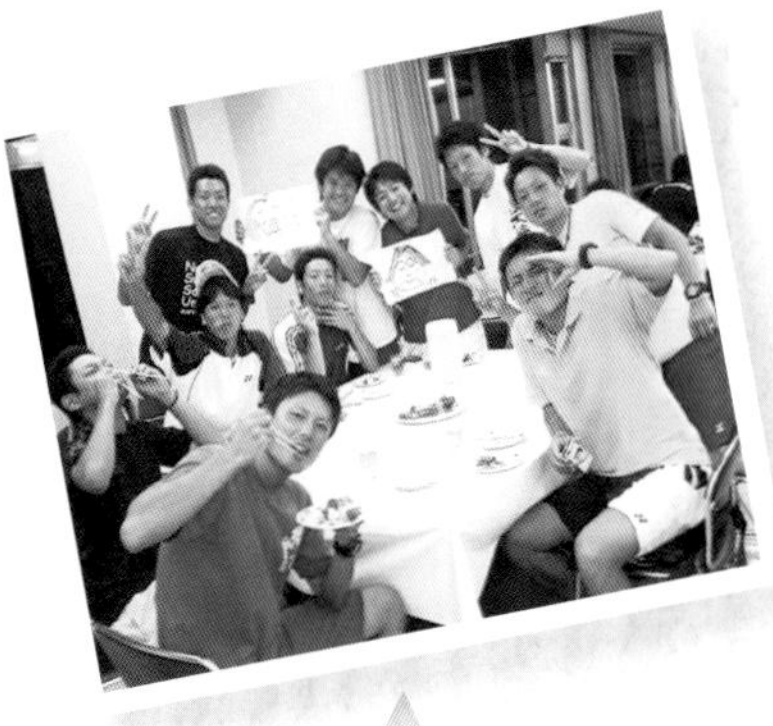

大4　インカレが終わったあと、同期全員と

日体大に行きづらくなるからです。

高校時代にすごい実績を持ちながら、大学ではうまくいかなかった人は少なくなかったと思います。一応、練習はしていても、勝つ気はないんだろうなというのはすぐにわかります。諦めて部を去っていったチームメイトは何人もいます。僕は苦しみながらも最後まであがいていました。ただ、自分の思い描いていた大学生活ではありませんでした。

年	月
2013	1

急転直下で卒業後の進路が決まる。

4年生になって将来のことを考え始め、急に焦り出しました。今までソフトテニスしかやってこなかった僕ですが、大学でこれといった実績を残せなかったことで、実業団チームから声がかかるはずもありません。「テニスはもういいかな」という感情が芽生え、一区切りつけようと決めました。

体育の教員免許は持っていました。でも、教師になる気はありませんでした。伊勢原高校に教育実習に行き、ソフトテニス部で指導するのは楽しかったです。でも、僕自身がまだ子どもで、生徒と仲良くなってしまうタイプです。人を教育するとか指導するとなると、責任がともないます。それを考えると、一生の仕事にしていくのは無理だと判断しました。一応、いろいろなサイトを見ながら就職活動はしていましたが、自分に何ができるか、何をしたらいいかがわからず、一向に進みません。これはすぐには就職できないなという思いも頭をもたげました。

そうやってもたもたしているうちに時間はあっという間に過ぎ、卒業まであと3ヵ月を切りました。新年の初打ちで伊勢原高校に行ったとき、すでに厚木市役所でソフトテニスを続けていた石川先輩と岩﨑先輩に相談しました。すると、「うちに来なよ」と言ってくれました。当時、日本リーグの1部だった厚木市役所は、たまたまシングルスの枠が空いていて、先輩によれば「お前が来たらすぐレギュラーだよ」ということです。僕は「マジですか！」と驚きつつ、社会人になってもまだソフトテニスを続けられることに喜びが沸き上がってくるのを感じました。

▲大4 教育実習で母校へ。右にいるのは梅原君。なぜか制服を着て体育祭に参加

年	月
2013	4

厚木市役所の一員として社会人生活がスタート。

入社1年目
厚木市マスコットキャラクターのあゆコロちゃんと

厚木市役所のソフトテニス部は一般企業の実業団とは違い、市から決まった割合の給料が出ていて、体育協会やシルバー人材センターといった外郭団体でも厚木市役所として登録できました。つまり全員が市役所の職員ではないということです。僕も最初は厚木市役所の臨時職員としてスポーツ課に入り、そこから厚木市体育協会に移りました。

一般の実業団では試合や練習が仕事扱いになったりもしますが、厚木市役所はそうした優遇は一切ありませんでした。当然、所属している部署の仕事がメインで、練習は平日の週2回と土日です。平日はフルタイムで働いたあと、夜7時から2時間、ナイターのあるコートで練習しました。遠征などの際に金銭的な補助はまったくありません。日本リーグや全日本実業団選手権に出場すると、交通費と宿泊費で1回5万円前後かかります。僕の場合は臨時職員だったこともあり、最初の頃は毎月の給料がほとんど残らなかったです。みんなはどうやってやりくりしているんだろうと不思議でした。

年	月
2013	4

ルーキーイヤーから日本リーグで奮闘。

学生の頃のようにソフトテニス中心の生活ではありません。経済的にも余裕はなかったです。でも、実家に戻った僕はほかにお金がかかるような趣味もなかったので、お金のやりくりに苦労することはほとんどありませんでした。

それ以上に、大学では必要とされていないと感じる時間が長すぎたせいで、こうやって拾ってもらい、ソフトテニスを続けられていることに自然と感謝の気持ちが湧いてきました。いつまで続けられるかはわからないけれど、声をかけてくれた先輩やチームのために頑張ろう。それが厚木市役所に所属してからのモティベーションになりました。

春から夏にかけては全日本実業団などの試合をこなし、10月には福田先輩と全日本選手権に初出場。国体では小林さんとのペアで神奈川チームの3番手を任されました。それと並行して、11月にインドアで開催される日本リーグに向けても準備を進めました。ルーキーながら立たせてもらった初の日本リーグという大舞台では、僕はシングルス4戦で1ゲー

2013年
国体で小林さんと。
神奈川チームの3番手

2013年　日本リーグで7戦全敗だった僕。
翌年の入れ替え戦に臨み
シングルス3戦全勝

ムも取れずに全敗。岩﨑先輩と組んだダブルスも3戦全敗に終わりました。僕自身は7戦全敗で、団体としても0勝7敗の厚木市役所は最下位という屈辱を味わい、入れ替え戦に回ることになりました。もともと厚木市役所はギリギリで日本リーグにいたようなチームで、ほかの多くのチームが格上です。しかも僕の対戦相手も日本代表や元代表といった選手ばかりで、明らかに実力差がありました。それでも1回も勝てない惨敗にメンタルがやられました。

日本リーグの入れ替え戦は翌年2月です。日本リーグから2ヵ月ちょっとあとでしたが、エースの岩﨑さんが脚を捻挫してしまい、厚木市役所は1番手の前衛を欠いた状態で戦わなければいけませんでした。僕自身は日本リーグのときのような悔しい思いはしたくなかったので、今まで以上にトレーニングを頑張りました。その取り組みが実を結び、入れ替え戦のシングルスで僕は3戦全勝。厚木市役所は何とか1部残留を決め、僕は「やっとチームに貢献できた」と安堵しました。

年	月
2014	4

次第に勝てなくなり、テニスへの情熱が冷め始める。

社会人2年目の日本リーグは、3勝4敗で4チームが並び、同率当該チーム間相互の勝率や直接対決の結果などにより、厚木市役所は初めて4位という好成績を収めました。僕もシングルス6試合に出場し、前半は3戦全敗と苦しんだものの、後半3戦で3勝を挙げることができました。

しかし、その後、徐々に試合で勝てなくなっていきます。何とか流れを変えたいと福田先輩とのペアを解消し、3年目は中高時代にライバル校で何度も対戦した桜倶楽部の押野裕紀君とペアを組みました。新しいペアで2年ぶりに全日本選手権出場を果たしますが、勝てない流れは変わりません。日本リーグではシングルス6試合を任されながら全敗に終わりました。

次第にテニスに身が入らなくなった僕は、お酒に逃げるようになりました。練習に行かなくなり、代わりに毎晩のように飲みに行きました。お母さんの再婚相手でもある2番目のお父さんの深刻な病気が発覚し、しばらくして亡くなったことも重なって、人生の歯車が狂い始めた感じでした。口実をつけて仕事を休むことも増え、「大丈夫か?」と心配してくれる職場の人にはいろいろと迷惑をかけてしまいました。

でも、自分ではどうすることもできません。誰かを誘って飲みに行くときは、良い顔をしたいからおごってしまいます。やがて消費者金融でお金を借りるようになり、そのお金がなくなると、別の業者から「うちなら貸せます」と電話がかかってくるので、また借りました。借金は一気にふくらみ、もはやテニスどころではありませんでした。「個人戦だけは出てほしい」と言われ、何度か試合に出ましたが、練習はまったくしていませんから、勝てるわけがありません。僕は4年目の日本リーグを最後にソフトテニスを辞めることを決めました。

2014年
厚木市役所は日本リーグ4位

年	月
2016	12

社会人4年目の日本リーグでソフトテニスから引退。

4年目の日本リーグで引退しようと決めましたが、そのことは誰にも言いませんでした。結果が出ていなかったにもかかわらず、第3戦以外はずっと使ってもらい、僕は結局、1勝もできていません。それでもチームメイトの頑張りもあり、勝てば1部残留という状況で、大鹿印刷との最終戦を迎えました。僕は出場するつもりで準備し、ほかのチームに在籍する高校や大学時代のチームメイトがたくさん応援に来てくれました。ところが、オーダー発表のとき、僕の名前は呼ばれませんでした。最後の大一番で外されたわけです。

僕の代わりに出場した先輩が見事に勝って、厚木市役所は辛くも1部残留を決めました。チーム関係者が歓喜に沸く中、僕は「もうこのチームに自分はいらないんだ」と感じました。悔しくて会場の外で持ってきたラケットをすべて折り、キャプテンに「僕はもう勝てないですし、きついので辞めます」と告げました。

ソフトテニスを辞めても借金は残っています。最初の100万円ぐらいでお母さんに一度、バレて、「もう止めなさい」と言われていましたが、実際は止められていませんでした。さすがにまずいと感じた僕は、インターネットで「高収入、短時間、バレない」と検索してアルバイトを探しました。夜に新宿のゲイバーで働き、ネットカフェで寝て、それから市役所に仕事に行くという生活を半年間ほど続けました。しかし、これではなかなか借金も返済できません。「もう自分でやらないと駄目だ」と思った僕は、2017年11月に厚木市役所も辞めました。市役所の方には本当によくしていただいたのに、中途半端な形で去ってしまったことを申し訳なく思っています。

2016年
最後の日本リーグ。僕は右端

年	月
2017	5

ＹｏｕＴｕｂｅ『あゆタロウチャンネル』開設。

「もう自分でやらないと駄目だ」と思った僕は、お金持ちの人の本を複数冊買って読み漁り、いろいろな情報を調べて、ブログやアフリエイトといったネットビジネスを考え始めました。手を出した一つが、その時期に流行り始めていたＹｏｕＴｕｂｅでした。動画の撮影や編集など経験がありませんでしたが、お金がないのにカメラとパソコンを買いました。

その頃、地元に帰ってくるという後輩から「テニスをやりたい」と言われました。僕も楽しくやるならいいなと思っていたので、数人の仲間を誘って、ＩＣクラブというソフトテニスチームを立ち上げました。それがのちに『あゆタロウチャンネル』で準レギュラーになるメンバーたちです。厚木市役所に勤めながらアルバイトをし、新しいビジネスを考える中でＹｏｕＴｕｂｅを始め、遊びでソフトテニスを再開したのがすべて同じ時期です。厚木市役所を辞めたのが、登録者数が１００人ぐらいのときでした。それが伸びる見通しもないのに27歳で仕事を辞めるなんて、自分のことながらずいぶん思い切った決断でした。

2017年5月　YouTubeをスタート。
写真は最初の頃に配信した
「スイカラーメンを作ってみよう」

ただ、当時はもう前に突き進むしかなかったのです。

開設したチャンネルの「あゆタロウ」というのは、厚木市マスコットキャラクター「あゆコロちゃん」をもじったものです。厚木市役所でお世話になったので、少しでも恩返しができればという思いを込めました。チャンネルを開設した初期は、ほかの人気YouTuberの真似をしてさまざまな企画にチャレンジしました。

YouTubeのコンセプトは「好きなことで、生きていく」でしたが、ソフトテニスを取り上げようとは思いませんでした。社会人時代の苦い思い出からソフトテニスを忘れたかったのと、これまでほぼソフトテニスの人生だったので、ソフトテニスをネタにして馬鹿にされたり、いろいろ言われたりするのが嫌だったからです。

おもちゃ紹介や料理、夜の街潜入、ナンパなどのほか、当時はアルバイトをしていたので、ゲイバーのママに出てもらったりもしました。動画の編集はやりながら技術を覚えていきました。明らかに迷走しています。案の定、どの動画もパッとせず、再生回数はまったく伸びませんでした。

年	月
2017	12

YouTubeのソフトテニス企画がバズり始める。

チャンネル開設から約半年、「ソフトテニスのボールってどこまで大きくなるの？」という遊び半分の企画で、ボールを最大限パンパンに膨らませる動画をアップしました。翌日にはパンパンに膨らませ、直径30㎝ぐらいになったボールで実際にテニスをする動画を公開しました。すると、意外にも反響が大きく、それまで1万回もいけば多かった再生回数が、7万回を超えました。チャンネル登録者数も1000人を超え、収益化の道も開けてきました。いろいろな人が検索をしてくれたのでしょう。コメント欄には「厚木市役所にいた人だ」とか「この人、試合で見たことある」といった内容が書き込まれました。

ソフトテニスの動画は案外、需要があるのかもしれない。そう考えた僕は、当時、ソフトテニスの動画を何度かアップしていた3人組YouTuberのポケットウィズさんに、自分は実業団でソフトテニスをやっていた旨と、「よかったらコラボしませんか？」というメッセージを送りました。3人から「ぜひ」という快諾をいただき、12月に人気のドッキリ企画「もしもオタクが〜」シリーズに出させていただきました。いかにも下手そうなオタクの格好で試合に臨み、追い込まれて相手が油断したあたりから本気を出して勝つ、という内容です。それをきっかけに、あゆタロウチャンネルの登録者数は一気に伸びました。

ＹｏｕＴｕｂｅを始めた頃、これで頑張っていこうという気持ちはありましたが、どのようになっていくか、自分でもよくわかっていませんでした。だから、まずは2年だけやってみよう。駄目だったら、もう何でもやってやる。そんな思いでした。もちろん、この時点ではまだＹｏｕＴｕｂｅで生活していけるようなレベルではありませんでしたが、ポケットトウィズさんとのコラボによって風向きが変わったのは確かでした。ソフトテニスのことを馬鹿にされるようなこともなく、むしろ「もっとあげてください」という声を多くいただき、それが大きな励みになりました。

年	月
2018	1

チャンネル登録者が右肩上がりで急増。

ソフトテニスの動画をあげるようになると、登録者の伸びは右肩上がりでした。

ある日、ソフトテニス唯一の月刊誌である『ソフトテニスマガジン』の編集部に電話をし、「取材をしてほしい」とお願いをしました。ポータルサイトでなら取り上げていただけるということで、さっそく翌日、編集部がある東京都の浜町まで行きました。こういうときはフットワークを軽く、素早く動けるかどうかが重要です。僕のこれまでの歩みやYouTuberになった経緯、その頃の生活パターンや将来の夢などを取材してもらい、ポータルサイトに掲載していただきました。

そして、国体の神奈川チームでごいっしょし、当時はヨネックスに在籍していた松口さんがそのサイトをご覧になったようで、「ヨネックスの商品使う?」と連絡をいただき、ラケットなどの商品を提供していただけることになりました。

また、同じ時期にUUUM（ウーム）というトップYouTuberをマネジメントしている事務所からも連絡が来ました。厳しい審査を経て、動画の毎日更新や一定の再生回数といった条件もクリアし、事務所に入ることができました。YouTubeで収益があった場合の何割かは支払うことになりますが、マネージャーがついたり、ブランディングしてくれたり、スポーツメーカーやスポーツショップ、健康食品などの仕事を取ってきてくれたりと、事務所に所属することのメリットは大きかったです。その後、UUUM側の事情で契約は2年ほどで解除になりましたが、いろいろな経験ができたことは感謝しています。

登録者数はあっという間に1万人を突破し、誰かと乱打をする動画をアップするだけで、何十万回再生に達しました。そうなると、社会人の給料並みに

2020年9月 『ソフトテニスマガジン11月号』の企画は「開拓者対談」。船水颯人選手と対談し、さらに表紙に登場！ 本屋さんでチェック

2018年1月 『ソフトテニスマガジン』のポータルサイトに紹介記事

収益が入ってきて、借金もいつの間にか完済できました。9月には登録者数が5万人に達し、ミズノやルーセントなど、ヨネックス以外のメーカーからも「うちの商品も使ってもらえませんか?」と言われ始めます。各メーカーのラケットやシューズを紹介する動画もアップすることで、そのギャランティをいただくようになりました。

正直なところ、お金の話はあまりしたくありませんが、そうしたことを含めて、いろいろなことがうまく回り始めたのが2018年でした。

年	月
2020	10

全日本クラブ選手権で人生初の日本一に輝く。

あゆタロウチャンネルを始めてから、徐々に大会に出場するようになりました。いろいろな人とペアを組み、勝つこともあれば負けることもありますが、改めてソフトテニスは楽しいなと感じます。

2020年はコロナ禍で、2月から夏まで各地の大会が軒並み、中止になりました。10月に予定されていた、日本一を決める天皇賜杯・皇后賜杯全日本選手権も史上初めて中止されました。その翌週、京都府で行われた日本実業団リーグと千葉県で行われた全日本クラブ選手権が20年度に初めて開催された大会でした。僕は日頃から活動を支援していただいているＫＥＩ ＳＰＯＲＴＳのメンバーとして、全日本クラブ選手権に出場しました。

前年は最終的に優勝するチームに敗れ、ベスト16で終わっています。雪辱の思いもあったＫＥＩ ＳＰＯＲＴＳは、国体で団体2位の実績がある社長の石森慶哉さんを中心に、元ヨネックスでナショナルチーム経験者の森田祐哉さんや元全日本U20の工藤浩輔君といった実力者がそろいました。初日の予選リーグを全勝で1位通過し、翌日の1位トーナメントもチーム一丸で勝ち上がっていきます。工藤君と組んだ僕も3番手を任され、久しぶりにこうした舞台で緊張感や高揚

2020年
KEI SPORTSの石森社長と

2020年10月　全日本クラブ選手権にKEI SPORTSで出場した僕は工藤君と3番手を任され、人生初の日本一に

感を味わいました。松葉クラブBとの決勝戦は3面展開で、僕たちの試合が決着する前にほかの2ペアが勝利。出場2回目のKEI SPORTSが、クラブチーム・ナンバーワンの称号を手にした瞬間でした。

ソフトテニスを始めてから約20年、全国大会には何度も出場する機会はありましたが、その頂点に立つことはできませんでした。人生初の日本一に輝いたことは本当にうれしかったです。

年	月
2021	1

YouTubeから〝銀の再生ボタン〟が届く。

「初めてのチャンネル登録者を覚えていますか?」という一文から始まる、YouTube CEO スーザン・ウォジスキさんからの手紙と、「Presented to あゆタロウチャンネル For passing 100000 subscribers」という文字が彫られたシルバープレートが届きました。チャンネル登録者数10万人を超えると届くたいへん名誉な盾です。みなさんのおかげでいただくことができました。本当にありがとうございました。

この銀の盾はラケットショップKEI SPORTS（宮城県石巻市）に飾っていただいていますので、機会がありましたらぜひご覧ください。また、YouTubeから届いた箱を開けるときの様子も動画で配信していますので、これもよかったら見てください。

2021年1月　YouTubeから届いたシルバープレート

年	月
2021	7

みほたんと結婚し、翌年に第1子誕生。

『みほたんのソフトテニス成長日記』などの企画で、あゆタロウチャンネルの初期から動画に出てくれていたみほたんと結婚しました。

みほたんは伊勢原高校のバレーボール部出身ですが、4歳離れているので高校時代は重なっていません。僕が教育実習で伊勢原高校に行ったとき、彼女は3年生でした。当時は接点もなく、その後、僕は大学を卒業しましたが、いつだったか、Ｆａｃｅｂｏｏｋで僕のことを発見した彼女からメッセージをもらいました。

自分でやっていこうといろいろ模索していた時期、インターネットで生配信をし始めました。当初は視聴者が1人とか2人しかいないことも度々あって、誰もいないことも少なくありませんでした。カメラに向かって話しながら、0人になったら黙って、また1人になったら最初から同じ話をするという、なかなかに笑えない状況です。そういう配信でよく来てくれていたのが、みほたんでした。配信を通して仲良くなったことで、僕は「ＩＣ

クラブに遊びにおいでよ」と誘い、みほたんはクラブで開催したバーベキューに来てくれました。まもなく僕たちはお付き合いするようになります。

3年ほどお付き合いを続け、結婚の決め手となったのは2020年の全日本クラブ選手権でした。「こんな俺で家族を養っていけるんだろうか」と、僕はずっと結婚が怖かったのです。でも、全日本クラブ選手権に臨むとき、KEI SPORTS社長の石森さんが「優勝したら結婚しろよ」と言うので、僕も勢いに任せて、「わかりました。優勝したらプロポーズします」と宣言してしまいました。

全日本クラブ選手権は順調に勝ち上がりましたが、途中から記憶がありません。気づいたら決勝の舞台に立っていて、そこでも緊張で手が震えていました。

2022年11月　結婚から1年後、
みほたんと虎ちゃんもいっしょに結婚式

2022年7月　虎ちゃん誕生

でも、なんとか優勝し、みほたんにプロポーズをして、無事に結婚できることになりました。

結婚した翌22年7月に第1子となる「虎ちゃん」が誕生し、僕はパパになりました。コロナ禍でできなかった結婚式は11月に挙げ、たくさんの方にお祝いしていただきました。

そして、24年4月現在、みほたんのお腹の中には、第2子となる赤ちゃんがいます。

年	月
2024	

現在、そしてこれからも「好きなことで、生きていく」。

現在はYouTubeだけでなく、TikTok、Instagram、X、公式LINEなどでも動画を配信し、メーカーのサポートを受けたり、大会やイベントに呼んでいただいたりすることで収入を得ています。波があるので、不安がないわけではありませんが、大好きなソフトテニスを軸に生活できているのは幸せですし、楽しいです。

ただ、人間は慣れていくので、動画に出ることもイベントに行くことも最初の頃のような緊張感や恥ずかしさを感じなくなりました。最近は、もっと緊張する状況に身を置きたいというか、もっと何か新しいことに挑戦しないといけないなという思いも芽生えてきています。この場で立ち止まっていたら、終わっていくという危機感もあります。そういう意味では、数年前に焦りながら右往左往していた時期のほうが充実していたかもしれません。

今の生き方も楽しいですが、同時に新しい何かを探してもいます。ソフトテニスという軸をずらすつもりはありません。僕にできるとしたら「ソフトテニス×（かける）○○」なので、それで相乗効果が生まれればいいなと考えています。

とはいえ、僕はあまり先のことを考えられないタイプなので、まずは目の前に与えられたことを全力でやるだけです。商品を提供してくれたメーカーの売り上げが伸びたり、イベントにたくさんの人が来てくれたりと、僕に関わってくれた人が喜んでくれるのが一番です。

夢があるとすれば、気の合う仲間たちといつでも好きな時間に使えるテニスコートを作りたいという夢です。僕はこれからも、みんなと楽しくソフトテニスをプレーし続けたいと思っています。

Part
2

動画製作の舞台裏を紹介
ボクの仕事

あゆタロウch
あゆタロウちゃんねる

動画は大きく分けて、「指導」「商品紹介」「旅・バラエティー」の3つの柱で構成されています。

チャンネル構成 1

わかりやすく伝える「指導」動画

実は、ボクは有名になりたいとか、ソフトテニス界に貢献したいとは思っていなくて、ボク自身が楽しむ場所が〈YouTube〉という感覚でYouTuberとして活動しています。ソフトテニスを純粋に仲間と楽しみたいから、YouTubeを始めました。

動画は大きく分けて、『指導』『商品紹介』『旅・バラエティー』の3つの柱で構成されています。この3つはランダムに出していますが、2、3回連続して再生回数が伸びないのは嫌なので、そうなったら当てるコンテンツを

【指導】打つ時面にちゃんと当たらない人！直す練習方法教えます！

できるだけわかりやすく、面白く伝えたい

1本、ポンと入れるようにしています。そういう意味では、視聴者の顔色をうかがいながら動画制作をしている部分もあるかもしれません。

『指導』の動画に関しては、再生リストの『指導×ソフトテニス』には248本が入っていて、ほかにもメンバーに教えた動画を指導系に加えるなら、約300本近い指導動画があります。対象は初級者から中級者を中心に、上級者にも参考にしてもらえたらというイメージです。年齢層は、小中学生やその親御さんに多く見ていただいているようです。

テーマはコメント欄の質問を拾ったり、生配信でもらった意見を参考にしたりしています。ただ、ボク自身が後衛ということもあって、ストロークやサーブを取り上げることが多いです。数は少ないですが、過去にはボレーやスマッシュなどのネットプレーも解説しました。なので、現時点の約300本の動画で、ほぼすべての技術を網羅できているはずです。

指導動画を作るときに心がけているのは、できるだけわかりやすい解説をすることです。ボクはもともとトップ選手ではなかったので、いろいろな人の指導動画を見ても、「難しいなぁ」と感じることがよくありました。そこでボクは自分の経験を生かして、2つか3つのポイントに絞り、できるだけ端的に説明するようにしています。例えば「速いボールを打つには」というテーマなら、①脱力してインパクト、②体重移動、③身体の回転（肩甲骨の入れ替え）の3つです、と最初に結末となるポイントを挙げて、「では、脱力するには……」と進めます。長々と話しても、結局何がポイントだったんだろうと頭に残りません。ポイントは短いほうが伝わりやすいと思います。

そういう中でも、ボクのことを近所のお兄ちゃん感覚で見てもらいたいので、もちろん真面目に伝えることも大切ですが、ちょっと砕けた感じにもっていくことも多いです。というのも、ボクはそもそもYouTubeが好きで、YouTuberになりたかったのと、ソフトテニスを軸にしていくとなってからも、別に指導者になりたいわけでもありませんでした。その観点で言うと、面白いか、面白くないかが重要で、学校の先生のような真面目な授業スタイルか、芸人さんがやるような笑いも織り交ぜたスタイルか、となれば自ずとスタイルが決まってきます。学校の先生の知識量は間違いなくすごいのに、ボクが授業をほとんど聞かなかったのは、真面目な話ばかりではつまらないことが多かったからです。

実戦で使える速い球を打つ方法！

ポイントは2つか3つ、短いほうが伝わる

チャンネル構成 2
メーカーさんとソフトテニス愛好家をつなぐ「商品紹介」

『商品紹介』の動画は、企業案件と言われる、各メーカーさんから依頼されて作るラケット紹介などがメインになります。メーカーさんにとっては、最新のアイテムをいち早く紹介できる場になっていると思います。現時点で200本前後の動画があります。

ボクは一応、ヨネックスと契約していますが、ほかのメーカーの商品を扱ってもいいという条件でやらせていただいています。1社だけに限定するとタイアップ色が強くなりすぎて、見ている人が本当に良い商品なのかどうか判断できなくなるからです。しかも、あゆタロウチャンネルの伸びしろもなくなってしまいます。

新商品はラケット以外にストリングスやシューズ、ウェアもありますが、シューズやウェアを単体で紹介するというのは正直、間がもたないのでやっていません。ほかの企画のときに身につけて、動画の終盤に「これは新商品のウェアです」といった感じで紹介しています。

ラケットは基本的に、春に新入生や初級者向けの柔らかいモデルが発売されて、本格的にシーズンに入っていくと、やや硬めの上級者向けのモデルが発売されます。人気が出て売れれば、それらの新色が出たり、派生系の中間モデルが出たりもします。そうしたラケットがメーカーから発売前に送られてきます。場合によっては、トップ選手が使うよりもボクのほうが早く手にすることもあって、まだカラーリングが済んでいないラケットで撮影したこともありました。新商品のラケットについては、メーカーの担当者から主な機能や前のモデルとの違い、一番の売りなどの一通りの説明を受けます。自分がそのラケットについて理解できていないと、視聴者に紹介できませんからね。

ラケット紹介を自宅で撮影するときは、部屋で固定したカメラに向かって、1人でひたすらしゃべります。ヨネックスの『ジオブレイク50』シリーズだとしたら、カメラの向こうにいる中学1、2年生の子に向かって話しか

最新アイテムの紹介。例えば自宅ではこんなふうに撮影することもある。1人でひたすらしゃべる

自宅の押し入れにはラケットがいっぱい

けるように説明します。台本や原稿はありません。ラケットの説明は最初は難しかったですが、慣れてくると基本となる商品の派生なので、ポイントさえ押さえておけばそれなりに話せるようになります。

　商品紹介は、できるだけ正直に伝えることも意識しています。「打ちづらい」という否定的な表現は避けます

謎のラケットの正体を暴いてみた！

真っ白のラケットが6種類。これらは全部ジオブレイクシリーズで、それぞれ何かを試す

ひたすら試して感想を話す

が、「こういう人には合っていると思うけど、こんな人にはこっちのラケットのほうがいいかもしれません」という言い方です。実際に使う人を想像してコメントするようにしています。

撮影して編集した動画は、一度、メーカーさんに送って確認していただきます。ボツになったり、大幅な修正を求められたりすることはありませんが、例えば「商品名の○○と○○の間は半角空きでお願いします」と細かい修正を指定されることはあります。それでも基本的には「あゆタロウっぽさを入れてほしい」と言われているので、いろいろと頭を巡らせながら作っています。

商品紹介で企業案件以外では、昔の時代のラケットで実際にプレーしてみた企画もあります。これは、年配の視聴者の方が若い頃に使っていた古いラケットを送ってくれたことから作った動画です。木製のウッドラケットはボク自身も初めてなので、紹介というより実際に打って感想を述べるという内容になりました。ボク自身もやっていて楽しく、中高年の方やボクの親世代には「懐かしい」と感じてもらえたようですが、そういう世代の人たちにももっともっとYouTubeに入ってきてもらうためには、そのような企画が必要だなと感じています。

チャンネル開設当初は、いろいろな企業から提供されたスポーツ関連グッズの紹介もやりましたが、今は事前にきちんと吟味をして、いただく依頼をしっかり選ぶようになりました。そういうお話は今もたまにいただいていて、ここでは言えませんが、かなりの額を提示されたこともあります。でも、その分、細かな制約もあったりして難しかったのでお断りしました。

ラケットの進化はすごい！ことを感じてもらう動画

超昔のラケット、ウッドラケットから
現代のラケットまでを打ち比べ

チャンネル構成 3

あゆタロウチャンネルの大黒柱、「旅・バラエティー」

『旅・バラエティー』の動画は、ボクが大会に遠征して試合に出たり、芸能人の方とコラボしたり、最近はあまりやっていませんが、ドッキリ企画や検証企画もこのジャンルに含めると、これまで1000本以上の動画を公開しています。あゆタロウという人間をたくさんの人に知ってもらいたいので、ボクが好きなことを好きなようにやっている動画ばかりです。コロナが落ち着いた2023年からは不定期で【ソフテニの旅in○○】という全国を周る企画もやっているので、チャンネル全体としても「旅・バラエティー」動画が増えているはずです。

ボクは食べることや歌うことも好きなので、チャンネル開設当初はゴハン系や歌う系の動画もあげていましたが、ソフトテニスの動画は伸びるのに、そういう動画はあまり伸びませんでした。だったら旅といっしょにして、道中でご飯を食べるシーンも入れちゃえばいいという考えから旅系のジャンルができた感じです。

実を言うと、旅でくくれば何でもアリにできるんです。ボク自身の言動を見てもらうだけでなく、トップ選手の素顔を紹介したり、ただただ笑えるだけのくだらない企画をやったりして、ソフトテニスをプレーしなくてもある程度の再生回数が行くようになりました。できるだけボクのファンになってもらえるような動画作りは心がけているつもりです。「旅・バラエティー」に限っては、動画1本あたり15分前後になることが多いです。

ただ、そうは言っても、YouTubeが謳っているように「好きなことで、生きていく」というのを100%実践するのはなかなか難しいです。検証企画では、ソフトテニスをやっている中高生が思いつくけれど、実際にやったら先生に怒られるだろうということをボクが代わりにやっている面白さはありますが、本当ならご飯を食べる企画とか家族の様子を公開するとか、ボクはもっとYouTuberっぽいバラエティーな人間になりたかったんです。でも、これをやったら再生回数が伸びないからやらないとか、結局は自分がコントロールされている感は否めません。

　数字を追うと、ソフトテニスを軸にせざるを得ないので、ボクは「ソフトテニス×○○」というスタイルで動画制作を続けています。たまたまボクはソフトテニスが好きだから良かったですが、純粋にバラエティー企画をメインにしているYouTuberは、それだけで生きていくのは実際はきついんだろうなと想像します。

　コラボ動画に関しては、例えばトップ選手とのコラボは、チャンネル開設当初はまだほかにやっている人がほとんどいなくて、トップ選手に出てもらえば再生回数が伸びるからと、いろいろな選手にお願いして登場してもらいました。選手側もみんな面白がってくれて出てもら

ソフトテニの旅 in ○○

【2泊3日の北海道ソフトテニスの旅】北海道の小・中学生の大会に潜入してみんなとテニスしてきました（2021年11月）

開会式「あゆタロウチャンネル知ってる人!」は〜い

ソフトテニスの旅では現地の食も紹介

【ソフテニの旅 in 福井】
日本マスターズの大会に
宮城代表で出場します！（2023年9月）

ソフトテニスの旅
in 福井

なんと、韓国でもあゆタロウｃｈを
見てくれてるらしく声かけてくれました！

えましたが、次第に「これは選手目当てのチャンネルになってしまう。ボクがいる意味がないのでは？」と気づき始めました。それからは企業案件や選手側から希望される場合以外は、ボクのほうから積極的にコラボ企画をお願いすることは控えています。

芸能人とのコラボはまた少し状況が違って、ソフトテニスの経験の有無ではなく、どちらかと言えばＹｏｕＴｕｂｅを始めたばかりの方にボクからお声がけしました。ボクのチャンネルの登録者がその有名人のチャンネルも見てくれれば、お互いにウィン・ウィンかなと考えたからです。どの芸能人の方もソフトテニス自体は知っていて、「いっしょにやりませんか？」とお誘いすると、前向きにチャレンジしてくれて撮影でもすごく盛り上げてくれるので、どのコラボも楽しかったです。できればまたどなたかとコラボしてみたいと思っています。

【ソフテニの旅in大阪】
大阪の地で久々のあゆタロウ・
赤魔王ペア降臨！（２０２３年10月）

ソフトテニスの旅
IN
大阪！

福井→大阪

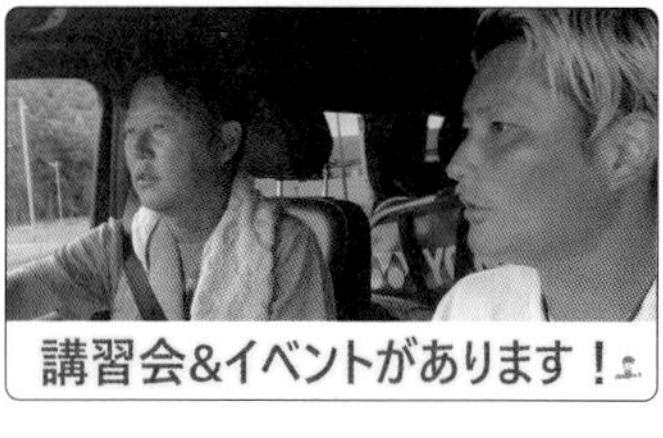
講習会&イベントがあります！

【ソフテニの旅 in 徳島・香川編！(part7)】FASカップで尽誠学園の監督と総監督登場！！

(2024年3月)

【ソフトテニスの旅 in 会津】決勝戦でアクシデント発生!? なんと相手はハイジャパ3位！

(2023年11月)

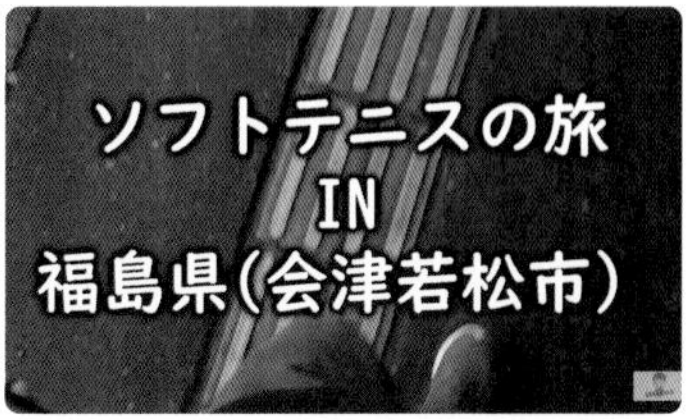

＼工場見学企画／
新潟！【ラケット工場初公開！】船水颯人プロと行く新潟工場の旅！

(2020年10月)

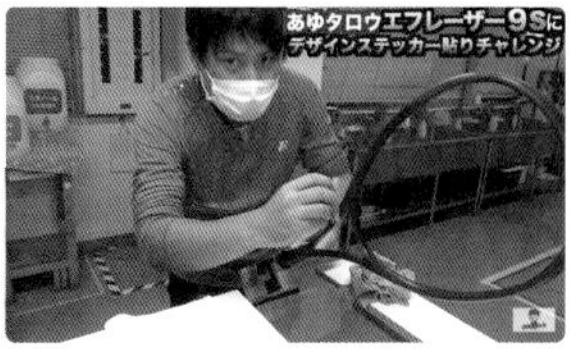

TikTokもやっています！

動画配信はずっとYouTubeをメインにやってきましたが、2023年からはTikTokにも力を入れ始めました。TikTok自体はだいぶ前からやっていて、それまではYouTubeの切り抜き動画を横の画角のまま公開するなど、「一応はやっています」程度の取り組みでした。

TikTokのYouTubeとは違った特徴を挙げると、視聴者が縦画面で見るということと、検索をしなくてもユーザーの好みや行動結果に合わせた動画をTikTokのAIが自動で選別し、おすすめフィードに表示するレコメンド機能がある点です。つまり、数年前まではYouTubeであゆタロウを見ていたけど、今は見ていないという人でも、TikTokには〝おすすめ〟で、たまにあゆタロウが出てきます。だったら久しぶりにYouTubeであゆタロウを見ようかなということがあり得るわけです。YouTubeでは手の届かないとこ

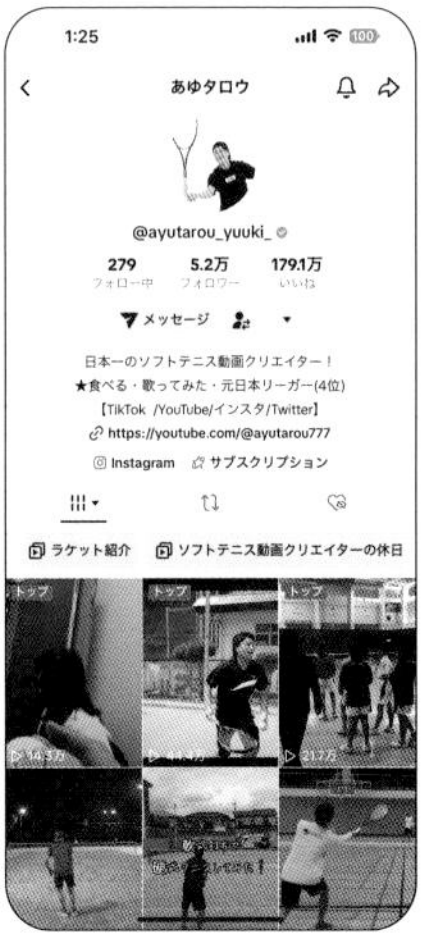

TikTok「あゆタロウオフィシャル」

YouTubeの横画面だけでなく、TikTokの縦画面にも力を入れている。たくさんの人に楽しい動画を届けたい

あゆタロウSNS　＼フォローしてね！／

YouTube	あゆタロウチャンネル	@ayutarou777
TikTok	あゆタロウオフィシャル	@ayutarou_yuuki_
Instagram	あゆタロウ	@ayutarou_yuuki_
X	公式あゆタロウチャンネル	@ayutaroukun
LINE	公式あゆタロウチャンネル	

ろにボクの名前が出てくれると言えば伝わるでしょうか。

ボクはたまにＴｉｋＴｏｋに昔の切り抜き動画も出していますが、見ている人からすれば、おすすめ動画として勝手に流れてくるので、その動画が最新なのかどうかもわかりません。時系列が不自然にならないのもＴｉｋＴｏｋの特徴かもしれません。

自分の中ではＹｏｕＴｕｂｅでは伸びないだろうという動画でもＴｉｋＴｏｋでは伸びる場合があるという感覚を持っています。２０２４年４月現在、ＴｉｋＴｏｋはアップロードできる動画の長さが最大３分です。「旅・バラエティー」系の長尺の動画はちょっと向かない反面、３ポイントだけ挙げて解説する「指導」系には向いているのかなと。「旅・バラエティー」のストーリー性のある動画は、切り抜きを編集してＴｉｋＴｏｋにあげているので、そこからＹｏｕＴｕｂｅに来てもらうというのが理想です。

作業的にはＹｏｕＴｕｂｅと同時並行で問題なくできています。カメラを固定して撮影するときは、画角を縦用と横用で２台用意しています。例えば旅系の動画なら、１回の旅で数本、多いときは８本分の動画のストックができるので、それらを順次公開していく間に、ＴｉｋＴｏｋの撮影や編集に集中できます。最近の夜７時から９時はスマホでＴｉｋＴｏｋの生配信をしながら、同時にカメラを縦にして撮影もしています。生配信をすると人が集まってくるので動画も回るんです。おそらくＴｉｋＴｏｋでおすすめしてくれているんだと思います。

ちなみにＹｏｕＴｕｂｅにもＴｉｋＴｏｋにも有料会員のサービスがあり、視聴者の方に月額を支払っていただくことで、有料会員限定の特典を受けられます。ＹｏｕＴｕｂｅのメンバーシップ『あゆタロウ組』では限定動画を、ＴｉｋＴｏｋのＬＩＶＥサブスクリプション『あゆタロウ組』では限定生配信を見ることができます。ＴｉｋＴｏｋ生配信では、メンバーの人たちとソフトテニス以外の話題で盛り上がることが多いです。

ＹｏｕＴｕｂｅは数年前までは若い世代だけが見るツールでしたが、今は幅広い世代の人が見るようになりました。ＴｉｋＴｏｋは今は若い世代のユーザーばかりですが、徐々に上の世代も見るようになりつつあります。ＳＮＳの世界は移り変わりが速いので、これからどのように変わっていくかわかりません。でも、そういう変化にうまく対応しながら、これからもたくさんの人に楽しい動画を届けていきたいと思っています。

ボクの毎日の過ごし方

ボクは基本的にスケジュールを立てません。もちろん、あらかじめ依頼があった仕事や、ソフトテニスの主要大会を含めたある程度のイベントは押さえていますが、動画に関しては本当に流動的というか、思いつきや流れで撮影して編集、配信と進めています。人によっては動画を撮り貯めて、予約配信などの設定をして、1日1本といったペースで定期的に配信している人が少なくありません。でも、ボクの場合、思いつきで何でも撮れるんです。例えば今、『ジオブレイク』と『ボルトレイジ』(ともにヨネックス)という2本のラケットが手元にあれば、よくラケットに関する質問も来るので、それに応えるような内容でパッと撮影できます。台本を作ったり、リハーサルをやったりもしません。急いで編集に取りかかれば、今夜中に動画を公開することも可能です。

そういう中で、ボクの一週間のだいたいの流れを紹介すると、土曜日と日曜日はソフトテニスの試合に出場したり、イベントに呼ばれたりすることが多いです。地方開催や土曜日が朝早いときなどは、金曜日から現地入りすることも少なくありません。週末にそうしたイベントがないときは、土曜日の夕方5時から夜9時にＩＣクラブという自分のチームで、あゆタロウチャンネルの準レギュラーメンバーやボクの身近な人たちとソフトテニスをしています。

平日は朝8時半に起きて、まずゴミ捨てに行きます。朝食は必ず目玉焼き2個と納豆と、ハムかベーコンだけをパパッと済ませます。9時ぐらいから午後3時頃までは動画の編集です。その間に休憩を挟んだり、軽く昼食をとったり、家族で買い物に行ったりもします。その後に少し仮眠をとったり、子どもをお風呂に入れたりして、毎日夜7時から9時はテニスに行くので、夕方6時には家を出て、テニスコートでＹｏｕＴｕｂｅの撮影やＴｉｋＴｏｋの生配信をしています。雨の日でも基本的に中止しないのは、雨の中でやると普通の企画がより面白くなったりもするからです。テニスコートを使わない撮影や企業案件の撮影は日中に入れることもあります。

夜9時にテニスが終わったらすぐに帰宅してシャワー

を浴び、10時から夕食を食べながらまたTikTok生配信をします。それをだいたい1時間やって、夜11時から今度はTikTokのLIVEサブスクリプション『あゆタロウ組』の限定生配信が始まります。ここではお酒を飲みながらやっているので、まったくたいへんだと感じませんし、日によってはべろんべろんに酔っぱらって何を話したか憶えていないこともあります。限定生配信は1時間で終わる日もあれば、長いときは2時間ぐらいやっている日もあります。そのあとが自分の時間というか、Netflixなどで好きなアニメを見たり、ほかのYouTuberの動画を見たりして、午前2時ぐらいに〝納豆〟を食べて就寝という感じです。

火曜日だけはテニスを休むと決めていて、そこに打ち合わせなどを入れることが多いです。特に打ち合わせがない火曜日は夜まで編集作業をしています。

スケジュール表

● ボクの一日

08:30	起床、ゴミ捨て、朝食（決まって目玉焼き2個と納豆と、ハムかベーコン）
09:00	動画編集（時々撮影）、休憩、昼食、買い物
15:00	プライベート、仮眠、子どものお風呂、身支度
18:00	テニスコートへ出発
19:00	YouTube撮影またはTikTok生配信
21:00	帰宅、シャワー
22:00	夕食、TikTok生配信
23:00	あゆタロウ組の生配信
24:00	プライベート（アニメなど動画を見る）
26:00	就寝（寝る前に納豆を食べる）

急いで編集に取りかかれば、当日中に動画を公開することも可能

写真はヨネックスのラケットを手に撮影のデモンストレーション

● ボクの一週間

	イベントなし	イベントあり
月	15時ぐらいまで編集作業、オンコート撮影、TikTok生配信	
火	打ち合わせ、テニスはお休み	
水	15時ぐらいまで編集作業、オンコート撮影、TikTok生配信	
木	15時ぐらいまで編集作業、オンコート撮影、TikTok生配信	
金	15時ぐらいまで編集作業、オンコート撮影、TikTok生配信	大会、イベント、練習など
土	15時ぐらいまで編集作業、オンコート撮影、TikTok生配信	大会、イベント、練習など
日	15時ぐらいまで編集作業、オンコート撮影、TikTok生配信	大会、イベント、練習など

撮影のこだわり

撮影は、あとの編集のことも考えて行うようにしています。音はキレイに入ったほうが見る人にとっても聞きやすくなるので、映る対象に対して近い距離で声を拾うことを意識しています。ほかの人が作った動画を見ると、足まで映してから顔のアップになるものが多いですが、ボクの場合は初めから対象に近づいているので、登場人物の全身が入ることは比較的少ないと思います。

以前はピンマイクをつけて撮影していたこともありますが、今はほとんど使っていません。動くとガシャガシャして煩わしく感じてしまうのと、ボクとしてはいつでもパパッと撮影に入りたいので、特に遠征中の撮影ではいちいちピンマイクをつけている時間的な余裕がないからです。屋外でそれほど動きがない場合や、風が強くて声が流されてしまうような日はピンマイクがあってもいいかもしれません。

内容に関しては、まず「あゆタロウチャンネルのあゆタロウです！」と挨拶する場合と、しない場合がありますが、最初に何をするかをタイトルコールのような形で宣言します。そして、結論を言って、それがなぜかという説明に入ります。台本のようなものは特に準備しませんが、どういうことを話すかは毎回、事前にざっくりと決め

ボクの部屋で撮影

ビデオカメラ
どーもー、
あゆタロウチャンネルの
あゆタロウです！
スマホ

『【ドッキリ】全国小学生大会の開会式にバレないように潜入してみた！』の冒頭は手持ち撮影

全国小学生大会に馬の被り物をつけてエキシビションマッチに参加。試合後にネタバラシ

ていて、こういう順に話そうというより、ジグソーパズルのピースを投げ出していくイメージです。素材さえあれば編集で順序を入れ替えたりもできるので、ポイントとなるワードだけは確実に押さえるようにしています。それが結果的に簡潔でわかりやすい内容になります。

テニスコートや自宅の部屋で撮影するときは、カメラの位置は固定させておきますが、旅系の動画ではスマホを持ちながら動いていています。そういうときは、できるだけブレが少ないようにします。映像がブレていると、編集のときにちょっとイライラしてしまうからです。

何本か作った『歌ってみた！』企画では、まず歌だけを録音室で撮って、よりキレイに聴こえるようなミックス作業をしたあとに、その音を流しながら口パクで映像を撮影しています。

ほかには、みんなに見てもらうので、髭を剃るなどの最低限の身だしなみは気をつけています。テニスをするときは帽子を被ることが多いので、髪のセットはそれほどこだわっていません。

【ルームツアー】日本一のソフトテニスYouTuberの撮影＆編集場所を紹介します！

これは撮影をすすめながらプレーに備えているところ

編集のこだわり

編集作業の流れをおおまかに整理すると、『素材の選別』から始まります。撮影ではとにかくたくさん回しているので、膨大な動画の中から良いものや使えそうなものを選び、『カット』で不要な部分をどんどん切っていきます。その段階で必要な箇所には、『ズームアップ』などの手を加えます。次に入れ替えたい部分を『入れ替え』ながら、『テロップ入れ』を進めます。『カット』の段階で同時に『入れ替え』も終えてしまうこともあります。

大まかな編集作業

使えそうな『素材の選別』

▼

不要な部分を『カット』

▼

必要な箇所を『ズームアップ』

▼

入れ替えたい部分の『入れ替え』

▼

わかりやすく『テロップ入れ』

編集面でのこだわりは、3～4秒に1回は『絵替わり』をさせることです。注目させたい場面で、思いっきり対象に寄って『アップ』にしたり、『アイキャッチ』と呼ばれる、動画のシーンを区切るとき（場面転換）や『オープニング』『エンディング』などで使われる短い動画を挟んだりするのも、すべて見ている人が飽きないようにするための工夫です。見どころの一部は、オープニングにもっていくことが多いです。最後まで見ないと見どころに到達しないとなると、そこまで見てもらえない可能性が高くなるからです。1つのテーマが2本以上になる動画では、『次回予告』を入れると、次の動画も見てもらいやすくなります。

ある程度、映像のほうができたら『音声』の編集です。全体的な『音のバランス』を考えて、声が小さい人がいたらそこの音量を上げ、BGMを入れ、SE（サウンド・エフェクト）と呼ばれる効果音を挿入して完成です。音に関しては、「ソフトテニスのボールの音が好き」という人が多いので、ボールを打った瞬間の音はとても大切にしてい

動画の選別

見どころの一部を『オープニング』に入れ、通常『オープニング～あゆタロウチャンネル』をその後ろへ移動

ます。

『編集作業』もすべてボク自身がやっています。誰も介入してこないので、全部をやらないといけないですが、すべての決定権があります。だから、ちょっと面倒だなと思うときは、あえて『テロップ』を入れなかったりすることもあります。

10分程度の動画を作るとして、単純に試合の動画を作るだけなら『スコア表示』とか、いくつかの『テロップ』を入れればいいので比較的パッと仕上げられます。しかもボクの場合、撮影している時点で、この部分は使えそうだなと、だいたい頭に入っているので、スムーズに編集を進められます。これはボクのように撮影者と編集者が同じという場合の大きなメリットです。撮影者と編集者が別々だと、編集者はすべての素材に目を通さないといけませんから、それだけ時間がかかります。

逆に、こだわればいくらでもストーリー性のある動画にできますし、できればボクはそうしたいと思っています。試合の動画もただ単に勝った、負けたという結果だけではなく、例えば仲間の素晴らしさとかソフトテニスの楽しさといったことをテーマにすることを意識しています。そうなると、「1年前はこうだった」とか昔の映像や資料を探したり、『背景』や『テロップ』に手を加えたりすることになります。徹底的にこだわれば1日がかりになることもありますし、3日ぐらいかかることも少なくありません。

映像編集のこだわり

- 3～4秒に1回は『絵替わり』
- 注目箇所を『アップ』
- 場面転換の『アイキャッチ』(短い動画)を入れる
- 『オープニング』で見どころの一部を入れる
- 『エンディング』で『次号予告』を入れる

音声編集のこだわり

- 全体的な『音のバランス』を考える
- 声が小さい人がいたら音量を上げる
- BGMとサウンドエフェクト(効果音)の挿入
- ソフトテニスのボールの音を大切にする

Part 3

もっと「あゆタロウチャンネル」を楽しもう！

人気ランキング&ボクが選ぶ〈動画傑作選〉

◎「あゆタロウチャンネル」の情報は2024年4月現在のものです。

全日本クラブ選手権

めっちゃ悩む、、、

あゆタロウch
phiten
ドッキリですっ！

ひょっこりはん

ままタロウ参上www

あゆタロウチャンネル

人気総合ランキング TOP 50

順位	視聴回数	公開日	タイトル
1	274万7476回	2019/11/06	ついにコラボ!? ひょっこりはんとガチシングルス対決！
2	171万4208回	2018/05/11	【ドッキリ】もしも街中で歩いてる女の子が国体選手だったら!
3	116万7192回	2019/03/31	【豪速球対決!】あゆタロウ・赤魔王ペア過去最大級に大苦戦!!
4	113万0250回	2018/03/10	速い球を打つ方法、教えます!
5	99万2637回	2018/09/10	10種類のサーブを習得しよう!
6	81万6270回	2018/01/04	喧嘩売られたんで、テニスで決着つけます!パート1
7	77万3920回	2018/05/30	弾まないカットサービス教えます!
8	73万3868回	2018/03/02	この動画を見ればサーブが上達します!
9	73万1272回	2020/02/11	これが世界トップのカットサーブ!!
10	69万5432回	2019/03/18	誰でも安定したストロークが打てる方法!(初級編)
11	68万2529回	2019/11/08	ひょっこりはん・あゆタロウペアでダブルス対決!
12	67万0746回	2019/10/29	【超激闘!】UUUMのYouTuberが全国クラブ選手権に出場してみた!!
13	62万8476回	2020/11/08	【前編】UUUMのYouTuberが日本一目指して全国大会に出場してみた!
14	61万8796回	2019/02/19	(解説あり)船水・上松VS丸中・長江【ソフトテニス】
15	60万5471回	2019/01/10	女子の世界レベルの打ち合いが凄すぎた!【ソフトテニス】
16	60万4096回	2019/06/14	【ついにポケットウィズと直接対決!?】インカレ、クラブ選手権優勝や、現役実業団選手がでる大会に出場してきました!
17	59万5473回	2019/09/14	【全日本社会人】あゆタロウchとして、初の全国大会へ!1日目
18	58万5672回	2018/02/21	【ソフトテニス】全日本トップ選手のダブル前衛!(飛びすぎ注意)
19	57万8689回	2020/01/26	あゆタロウch始まって以来、過去最大にボコボコにされました!
20	56万3170回	2019/04/25	硬式テニスの実業団選手はソフトテニスのカットサーブを返せるのか!?

順位	視聴回数	公開日	タイトル
21	55万2057回	2018/10/11	インターハイ優勝者やインカレ優勝者、国体選手が集まる大会に出場してきました!
22	46万2305回	2020/11/15	【後編】UUUMのYouTuberが日本一目指して全国大会に出場してみた!
23	44万3644回	2018/04/06	【全国レベル】ダブル前衛VSダブル後衛
24	44万2906回	2018/03/26	【硬式テニスVSソフトテニス】元日本リーガ同士が対決したらどうなるの!?
25	44万0749回	2018/08/22	勝手に色々なラケットを素直に試打評価してみた!
26	43万0249回	2019/08/14	【サーブ練習】サーブの確率を上げたいそこのあなたへ!
27	42万4211回	2019/12/14	ネットしないストロークを伝授します!
28	42万2452回	2018/06/19	実業団や強豪クラブチームがでる大会にガチ試合しに行ってきました!【棚倉杯】
29	41万8917回	2019/05/14	韓国代表選手の真似して、ガット10ポンドでテニスしてみた!
30	39万2586回	2018/07/24	力の入れ方と使い方!
31	39万0904回	2019/06/16	ついにT橋とともあきが激突!
32	38万1800回	2018/03/29	ソフトテニスのスピードの限界をさがせ!
33	36万2606回	2018/09/30	【超秘蔵映像!】あゆタロウの大学時代の試合がでてきました!
34	36万0431回	2019/03/10	【卓球】テニス経験者が卓球をちゃんと教わったら上達しすぎた!
35	35万9287回	2019/01/04	世界最高峰のラリーに小学生乱入で大変なことに!?【林田・高月VSキムドンフン・キムボムジュン】
36	35万3744回	2018/10/15	【磯原杯】あゆタロウ・T橋ペア!リーグ後のトーナメント1回戦
37	35万2520回	2020/11/29	【超激戦!】世界最高峰の戦いでスーパープレイ連続!
38	34万9614回	2020/01/19	レシーブ苦手な人必見!たった10分でレシーブが良くなる!?
39	34万4573回	2018/07/25	初心者が15分でカットサーブをマスターできる動画!
40	34万1146回	2018/06/29	【ソフトテニスドッキリ】もしもギャルが国体選手だったら!
41	34万0393回	2018/04/10	【ガチ勝負】ソフトテニスの国体選手に勝負を挑んでみた!
42	33万8177回	2019/03/21	全日本上位の人達とゲーム展開練習をしてきました!
43	33万7864回	2018/12/23	【宮城の悲劇】ドンフンの爆裂ショットの餌食になったのは!?
44	31万9917回	2019/10/23	【速球ラリー】テニスの撮影しすぎて仕上がってきちゃいました!笑
45	31万7691回	2018/08/19	あゆタロウ・工藤VS石森・森田
46	31万7048回	2018/11/22	今日からバックハンドが得意になる動画!
47	31万4087回	2017/12/13	(検証動画)大きいソフトテニスボールで球は打てるの!?
48	31万2120回	2018/11/08	元日本リーガーVSタイ代表選手!シングルス対決!
49	30万7580回	2018/06/05	【ソフトテニスドッキリ】国体2位の女の子の球がヤバすぎた!
50	30万5905回	2019/07/12	【ガムゾーン】ミクロパワーを超える新作ガットがついに登場!!

部門別人気ランキング

指導部門

1位

公開日2018年3月10日
再生回数112万8916回
いいね 9599
高評価率 95.7%
コメント612

速い球を打つ方法、教えます！

ボクの指導系動画で初めて大きく伸びた動画です。YouTubeを始めて、テニスの動画が伸びてきたという時期に、ちょっと指導系の動画も作ってみようかなと試したもので、まさかこれほど伸びるとは思っていませんでした。きちんと調べたわけではありませんが、指導に関する動画で100万再生を超えているのはほかにないと思います。グッドボタンも9599いいね！ということで、たくさんの方に評価していただきました。

ソフトテニスがボクより上手な人はたくさんいますが、ボクは自分自身がうまく打てなくて悩んだ時期もあります。そういう意味で、動画を見てくれる若い世代の子たちにとって近い存在でありたいので、このときはすごく詳しくというより初心者や初級レベルの人たちに向けてわかりやすく伝えることを意識しました。

この動画は、今は奥さんのみほたんと初めていっしょに出演しました。テニスコートも初めて使うところで、あまりキレイなコートではありません。当時はテニスボールの提供もまだ受けていなかったので、かなり汚れたボールもあまり気にせず使っています。練習のときにボールをたくさん入れておくテニス用のカゴも持っていなくて、ビニール袋にボールを入れてやりました。

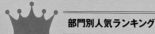

テロップはまだ編集の初心者チックな感じが残っていますが、サムネイルに「豪速球」という言葉を使ったことが視聴者の引きにつながりました。最初の指導系動画でロブとか緩いボールをやっても、あまり盛り上がらないですしね。ソフトテニスをやっている人は、やはり速い球や豪速球に興味を持っている場合が多いです。特に中学生や高校生の世代はそれが顕著なので、キャッチーにタイトルにも載せてみんなが見やすいように工夫しました。

内容のポイントはいくつかあって、特に力を入れて打たないことと、ラケットを持っていない側の手の使い方が重要という話をしました。ボクは右利きなので右腕でラケットをブン！と振るのではなく、まず左手を引いて、それに連動して遅れて右手が出てくるという意識で振ると、速い球にも遅い球にも対応できて自分も速いボールを打てます。ラケットを持っていないほうの手をうまく使いましょう、という内容になっています。

あとは体重移動や肩甲骨の使い方の話も出てきますが、利き手とは反対側の手を使う部分が、視聴者からすればインパクトがあったように感じています。真面目な指導動画ではありますが、あゆタロウチャンネルらしく、ちょっと崩した雰囲気というか、わちゃわちゃしたラフな感じで撮影した記憶があります。

あゆタロウch
速いストロークを打つためには
どうしたら良いですか？
と言う質問がたくさんありました！
この動画は、今は奥さんのみほたんと初めていっしょに出演

あゆタロウch
あゆタロウch
左手を引いて、それに連動して遅れて右手が出てくるという意識がポイント

あゆタロウch
あゆタロウch
コツ①
肩甲骨を意識しよう！
両手の使い方、肩甲骨の使い方は動画「バックローボレー、ハイボレーのコツ伝授します!」も参考に

ラケットを持っていない側の手の使い方が重要

こんな感じ?

当時はテニス用のカゴを持っていなくて、ビニール袋にボールを入れて球出ししていた

左手を前に出して(写真上)、左手を引いて右手が出てくる。反対側の手をしっかり使う

上から落としてもらったボールを、左手でキャッチ

ボールキャッチのあと、実際に打球。右腕でボールを打つというより、反対側の手を使ってボールを打つという感覚が出てくるはず

部門別人気ランキング

指導部門

公開日2018年5月30日

再生回数77万3318回

いいね 6975

高評価率 97.6%

コメント580

2位

弾まないカットサービス
教えます！

この動画も再生回数が70万回超えで、そもそも指導系で50万回を超える動画は稀ですから、なかなかの数字だと自負しています。サムネイルには〝必殺サーブ〟と入れました。カットサーブの返球ではなく、あくまでもサーブの打ち方を指導する内容です。

この動画のカットサーブは弾まないように、曲がるようにという回転のかけ方をピックアップ

撮影では友人が手伝ってくれましたが、その役割はレシーバーではなく、球拾いでした。カットサービスを打つ動画を作るときは、ボールが跳ねたあとの軌道も伝えたいので、レシーバーは入れないというのがボクの密かなこだわりです。

ソフトテニスには、硬式テニスではほとんどやらない、カットサーブというソフトテニス特有のプレーがあります。今はトップ選手もかなり使っていて、ソフトテニスをやっている人は、ストロークで速いボールを打ちたがるとともに、カットサーブもチャレンジ欲をくすぐる技術です。あまりバウンドしないとか、バウンドしたあとに曲がったりするのが特徴で、このときの動画ではできるだけ弾まないように、あるいは曲がるようにという回転のかけ方の部分をピックアップしました。

ボク自身はカットサーブがすごく得意だったかというと、必ずしもそうではありません。実業団時代、当時の日本代表で、国際大会や全日本選手権などで活躍していたスーパースターの小林幸司さんとペアを組んで国体に出たとき、ダブル前衛をやっていて、そこでカットサーブを使う機会が多くあり、小林さんから教えていただいたりしました。

内容としては、ラケット面の長いと

ころを転がしましょう、というのがポイントです。手のひらをラケット面に見立てると、手を横に切るのではなく、肘を先行させて小指の根元から入り、手のひらの一番長い所をボールが転がって回転をかけることを意識します。あとは力を抜いてラケットを操作することも大切です。

ただ、今振り返ると、この動画は完成形ではありませんでした。この動画を出した6年前は、ボク自身がまだまだ未熟で、改めて見返すと恥ずかしい気持ちになります。当時は手首をあまりガチャガチャと動かさないように意識しましょうと解説しています。ラケット面の長い所を転がすのは変わりませんが、斜めに転がす感覚というのが実際にやってみると難しいんです。動画内では斜めに転がすと言っていますが、結局、そのやり方がわからないと感じる人が多かったはずです。だからそのあと、今ならもっとうまく伝えられるかなと思い、ラケット面の長い所を転がすためのより詳しい解説や練習方法の動画も作って出しました。

それでも最初のカットサーブの動画で再生回数が回ってくれて、「動画を見てカットサーブがうまくなりました」というコメントや、実際に会った人からもそういう言葉をもらえてうれしかったです。

ボールが跳ねたあとの軌道も見せたいと考えている

肘を先行させて小指の根元から入り、手のひらの1番長い所をボールが転がって回転をかけるイメージ

手のひらをラケット面に見立てると、手を横に切るのではない

部門別人気ランキング

指導部門

公開日2018年3月2日

再生回数73万3474回

いいね 6587

高評価率 97.0%

コメント598

3位

この動画を見れば サーブが上達します!

上から打つオーバーハンドサーブに特化した動画です。初級者向けにサーブを教えるときは、まず重要なのがサービスコートに入る確率、次にコース、そして威力という優先順位があります。この動画では、威力を出すことと確率を上げるという部分の両方に少しずつ触れた内容にしました。サーブに関してもいろいろな動画を作っているので、それらを分解して見てもらえると、技術の習得に役立てていただける気がします。

導入としては、「みなさん、サーブを打つときにグリップをどうやって持っていますか?」と質問を投げかけました。上手な選手はイースタングリップとか、ウエスタングリップとイースタングリップの間ぐらいで持ちます。それは打つときに手首の稼働域が上がってラケットを操作しやすくなるからです。スマッシュでも同じようにグリップを持ちますが、それによって打球に威力を出せます。また、イースタングリップや、ウエスタングリップとイースタングリップの間ぐらいで持つと、ボールにトップスピンという順回転がかけやすくなり、サーブを打ったあとに球が落ちて、サービスコートに入る確率が上がるという説明もしています。

あゆタロウch
テーマ1
威力のあるサーブを打つには!

あゆタロウch
テーマ2
サーブの確立を上げるには!

威力を出すことと確率を上げるという両方がテーマ

中学生ぐらいですと、サーブのときになぜそういうグリップで持つべきなのかという理由をきちんと理解できていない子がたくさんいました。それを解決してもらうための動画になっています。

動画の後半には、立て膝になって目線の高さをネットぐらいにして打つという練習方法を紹介しました。これはボクが中学や高校の頃もやっていた練習です。ネットと目線がいっしょになると、まっすぐ当てるだけではオーバーするか、ネットにかかってしまいます。ネットを越えて、かつサービスコートに入れるためには、ボールに回転をかけて落ちるような軌道にする必要があります。通常は立って打つオーバーハンドサーブですが、立て膝でもしっかり回転をかけられると、こんなに良いサーブが打てるというのを伝えたかったんです。

サーブはストロークと同様、前衛でも後衛でもダブルスでもシングルスでも、誰もが触れる欠かせない技術です。試合や各ポイントのスタートでもありますから、みんなも気になっているだろうと思っています。また、ボクがよく伝えるのは、例えばレシーブは相手のサーブに対応していかないといけませんが、サーブだけは相手の影響を受けない、自分の技術で完結する唯一のプレーです。自分のトスとサーブのコースや威力で展開できるという点で重要度が高いので、動画でもよく取り上げています。

ちなみに冒頭で、サーブは確率が重要で、次にコース、そして威力と続くと述べました。コースに関しては、ラケット面の当たる角度を意識しています。フラットで行くのか、スライスやトップスピンでやや曲げて入れるかによって変化をつけられます。

威力は身体の使い方や背丈にもよります。やはり背の高い人のほうがフラット面でバチーン！と打てますからスピードも出やすい。だからボクのようにそれほど背丈がない人が相手にどうやってスピード感を与えるかを意識していて、いわゆる緩急をつけることがカギになります。例えばセンターに緩いサーブを入れて、エースを狙いたいときは、ボールの軌道をそれほど落とさなくても入りやすいクロスの一番長いコースを狙って、フラットに当てて打ちます。

サービスは確率が重要。イースタングリップで持つと手首の稼働域が上がり、順回転がかかりやすい

サーブはボールに回転をかけて落ちるような軌道にする必要がある。それを立て膝での練習で身につけよう

部門別人気ランキング

指導部門

4位

公開日2020年2月11日

再生回数72万7742回

いいね 6596

高評価率 97.7%

コメント264

これが世界トップのカットサーブ!!

第2位の「弾まないカットサービス教えます！」でも名前が出てきた小林幸司さんが出演してくれたコラボ動画です。小林さんは、現日本代表男子監督の篠原秀典さんとのペアで長年トップ選手として活躍してきた方で、その小林さんが普段使っていたカットサーブを学ぼうというのが動画の趣旨でした。

内容は、回転力と面の角度という2つの部分をアドバイスしてもらいました。回転力と面の角度という言葉はサムネイルにも使っています。「弾まないカットサービス教えます！」の動画とはまた違った視点からカットサーブに切り込んだので、もちろん見た人が自分に合うか、合わないかはそれぞれだと思います。でも、グリップの持ち方や回転のかけ方が違うので、これはこれで参考にはなるはずです。

そもそもカットサーブ自体がとても繊細なもので、ラケットの重さや固さ、ストリングの固さ、グリップの太さとかによって打ち方も変わってきます。自分なりのフォームやボールの転がし方が出てきますから、いろいろな人のカットサーブを見て真似してみるというのは、技術を身につけるためには欠かせない方法と言えると思います。

小林さんに学ぶ弾まないカットサーブ

回転力と面の角度の掛け合わせで完璧なコントロール！とにかく見て！

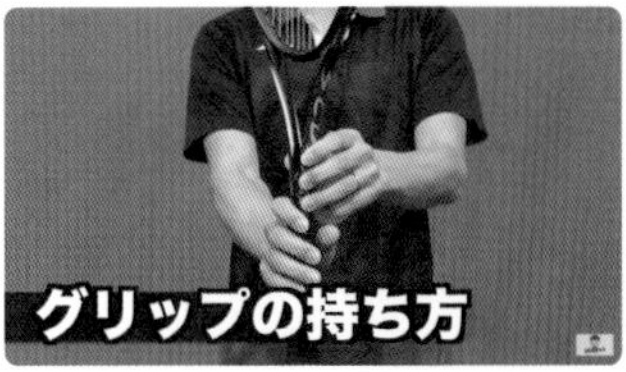

小林さんはイースタンよりもさらに薄いグリップ

ラケットを縦に使ってボールをつぶす

部門別人気ランキング

指導部門

5位

公開日2019年8月14日

再生回数42万9297回

いいね 4783

高評価率 98.3%

コメント247

【サーブ練習】サーブの確率を上げたいそこのあなたへ！

第5位もサーブの動画になりました。「この動画を見ればサーブが上達します！」のおさらい的な内容で、約1年半経って改めて作った動画ですが、これもたくさんの人に見ていただきました。やっぱりみんな、サーブが気になるんでしょうね。1年以上空くと新しい子も見にきてくれるようになるので、そういう人たちに向けたリスタートの意味合いもありました。それにボク自身も日々グレードアップしていきたいですし、技術や考え方は変化していくので、そういうことも動画に反映させて伝えています。

基本的な内容は、「この動画を見ればサーブが上達します！」とあまり変わっていませんが、ネットに近づいて、サービスラインのあたりからサーブを打つという練習方法を新たに加えました。ボクも昔、前のほうから打って徐々に後ろに下がっていく練習をよくやっていました。中高生や初級レベルでは、イースタングリップやセミイースタングリップで持ってパチン！と打つのが苦手という人が結構います。そのグリップで持ち、高い打点でヘッドスピードを上げてパチン！と当てる感覚を養うために、ネットに近い位置でラケットを振り切る動きを身につけます。徐々に下がっていくと、ベースラインからでも同じようなフォームでサービスを打てるようになります。

ということで、この練習は確率を上げることより、威力のあるサーブを打つことをイメージした内容になっています。

確率を上げることが威力アップにつながる

ネットに近い位置でラケットを振り切る練習を紹介

公開日2018年4月23日

再生回数58,528回

いいね 1766

高評価率 98.5%

コメント248

番外編

緊張して力が出せない、頑張ってるのに中々結果がでないあなたへ！

再生回数自体は6万回弱ですが、この動画の何がすごいかというと、まったくプレーをしていないということです。ボクが部屋でしゃべっているだけの動画で、第4位の「これが世界トップのカットサーブ!!」や第5位の「【サーブ練習】サーブの確率を上げたいそこのあなたへ！」と同じぐらいのコメントの書き込みがありました。

これをやろうと思ったのは、「試合で緊張してしまうのですが、どうしたらいいですか？」というコメントや質問がたくさん来ていたからで、今でもよく相談される内容です。ボクはレギュラーだったときと、強いチームでレギュラーになれなかったときの両方を経験しているので、練習しているのになかなか勝てないとか、緊張して力が発揮できないなどでモヤモヤしてもがいているような子たちの気持ちがよくわかります。当時の自分を思い出しながらカメラの前で話しました。

詳細は動画を見ていただきたいですが、緊張については緊張するのはいいことで、あなたがたくさん練習した証拠だし、頑張ってきたから緊張するんだよ、と伝えています。ボクは緊張しないのは三流、緊張するのは二流。一流というのは、緊張を自分の力に変えられる選手だと思っています。だから試合では二流選手が緊張で力を発揮できず、緊張せずにプレーできる三流選手に食われてしまうこともあります。でも、三流選手は絶対に一流にはなれません。二流の経験を経て、緊張を力に変えられるようになって初めて一流になれる扉が開きます。

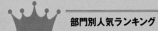

緊張が決して悪いものじゃないという考えをいつから持つようになったか、はっきりと覚えていません。でも、例えば遊びでボーリングやカラオケ、ダーツをやっても緊張しないでしょう。これがなぜかと言えば、普段から必死に練習していないからです。勝っても負けても別に命をかけているわけじゃない。テニスは勝つためにそれだけ一生懸命に練習しているからこそ、本番の試合で緊張するんだとわかりました。

中にはセンスだけで勝ってしまう天才肌の人もいます。それでも最終的に本当のトップまで勝ち続けられる人に、センスだけずば抜けている人はいません。しっかり練習して試合では緊張もしています。緊張を力に変えている選手が最高峰のレベルで生き残っている人たちだと気づき、そのことを動画で伝えました。

動画を見た子たちからは、「勇気が出ました」とか「緊張するのは悪いことじゃないんですね」というコメントなど、たくさんの反響がありました。ポジティブな考えになってくれた子たちが結構いたようです。ボク自身も今でも緊張することはあるので、ここぞという場面で、この動画の内容を自分自身に言い聞かせたりしています。

緊張しないのは三流、

緊張するのは二流、

緊張を自分の力に変えられる選手が一流!

1位

公開日2019年6月20日
再生回数 26万7860回
いいね 1726
高評価率 97.1%
コメント 251

ジオブレイクとネクシーガ どっち使おうか悩んでます！

ボクはもともと『ネクシーガ』というラケットを使っていて、ちょうどこの頃が『ジオブレイク』というネクシーガの後継機種にあたるラケットが出た時期でした。慣れているのはもちろん『ネクシーガ』でしたが、新しい『ジオブレイク』と打ち比べをして、どちらが合うと思いますか？と視聴者に問いかけた動画です。準レギュラーのマルコもいっしょに打ち比べをしていて、試合もしています。

ネクシーガからジオブレイクは何が変わったかというと、専門的な説明はここでは省きますが、ジオブレイクはより回転がかけやすくなり、ボールの飛びもアップしています。だからジオブレイクを使う人には、そういった点を意識して使ったほうがいいという説明もしました。

ボクが使っているラケットの後継機種が出たので試打する企画

ラケットは例えばヨネックスでもミズノでも、弾きのタイプと食いつきのタイプというようにそれぞれ2つのタイプに大別できるシリーズがあります。ラケットの特徴を説明しても、その人にとって合う、合わないが出てきますから、単純にこのラケットがいいとお勧めすることはできません。でも、この動画はラケットを買い替えるときの参考にはなると思います。

ラケット編の中でもこの動画の再生回数が特に伸びているのは、ジオブレイクがすごく流行った恩恵もある気がしています。発売された当時からずっと右肩上がりで伸びた印象で、その後、3、4種類のカラーが発売されましたが、これも売れたからです。ジオブレイクは今も人気があるラケットなので、検索で引っかかることも多いのだと思います。

また、動画を公開した頃は、ボクと同じネクシーガを使っている人たちも多くて、後継機種のジオブレイクが出たけど、自分は変えたほうがいいのか、気になっていた人もたくさんいました。その点も再生回数が伸びた要因になっていると思います。

最近になって『第2世代ジオブレイク』という、ボクが今使っているラケットが発売されました。初代と第2世代を打ち比べてみたら、同じような感じになると思います。今、その企画をやってみようと頭に浮かびました。ジオブレイクとは別のシリーズの新しいラケットが出たときにも、動画を作ったらそういう伸びが発生するかもしれません。

ネクシーガ80Sの新色

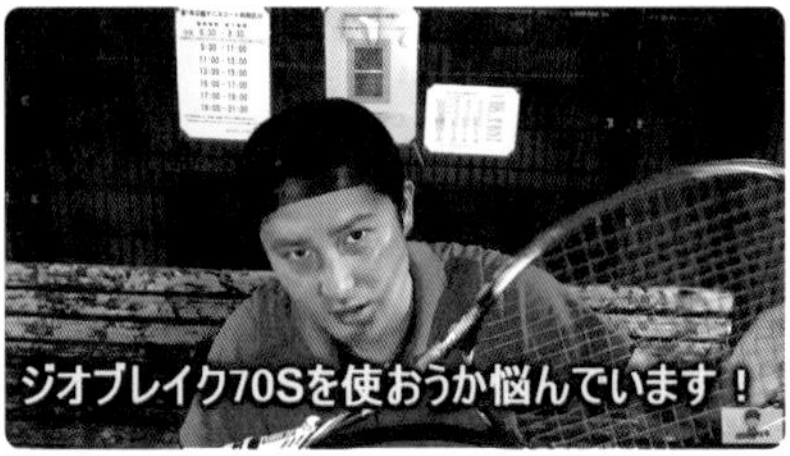
ジオブレイク70Sを使おうか悩んでいます！

慣れている『ネクシーガ』か後継機種の『ジオブレイク』か、どちらがボクに合うか視聴者に問いかけた

ジオブレイク70Sの方は
ジャイロバーストシステムによって
打った時の振動が軽減されている！

ネクシーガ80Sの打感も捨てがたい、、、

試打の様子やコメントは視聴者の参考になるように心がけている

2位

公開日2019年3月22日

再生回数22万3307回

いいね 1151

高評価率 96.2%

コメント242

初！あゆタロウ ミズノのラケットに挑戦！

この動画を公開した頃は、まだミズノとはお仕事の契約は何もしていない時期です。内容はタイトル通り、これまでヨネックスのラケットしか使ってこなかったボクが、初めてミズノのラケットを使うという動画です。ミズノでアドバイザリースタッフをされている知り合いがいて、その方がミズノのラケットをほぼ全部持ってきてくれたので、打ち比べをして、こういう人に合うんじゃないかというボクなりの紹介をしました。今はもう製造されていない『ディオス』や『スカッド』というラケットも説明しているので、5年前に過ぎませんが、ちょっと懐かしい感じもします。

ボクにとっては正直、ミズノのラケットはわかりづらい部分がありました。というのも、ミズノの場合、ヨネックスとは逆でラケット名に付随した数字が大きいほうが柔らかい特徴があったからです。お店の人も迷ったりすることがあると耳にしていたので、僕と同じようにわかりづらいと感じていた人も結構いたんじゃないでしょうか。でも、この動画を作ったことでそのへんが整理されて、ヨネックスばかり使っていたボクとしても視野が広がりました。

出演してくれたミズノの人たちは、みんな高校生の頃にインターハイで上位に入った実績があって、そういう人たちとの絡みも見どころの一つになっています。ボクがひたすら打つだけですが、1球ずつテンポよく次々と打ったのは楽しかったです。

ヨネックスのラケットしか使ってこなかったボクが、初めてミズノのラケットを使うという企画

ミズノのスタッフがそれぞれのラケットを説明

1本1本じっくり試打して、説明も受けて、ミズノラケットがよくわかった（視聴者のみなさんにも伝わったと思う）

ミズノはヨネックスと逆で、数字が大きくなるほどフレームが柔らかいと知る

3位

公開日2019年12月6日

再生回数21万6099回

いいね 1388

高評価率 90.7%

コメント172

人生初のラケット選びを目隠しして買ってみた！

当時、いっしょに動画制作をやってくれていた相方のれんにゃんがラケットを買うとなったので、どうせならほかの人がやらない、YouTuberっぽいことをしようと、ボクがいつもお世話になっているKEI SPORTSというテニス専門店で、目隠しをしてラケットを選ぶという企画を思いつきました。

　KEI SPORTSは基本的にソフトテニスのお店ですが、硬式のラケットも一部扱っています。ソフトテニスをやっている人なら目隠しをしていても重さや持った感じで、ソフトテニス用のラケットかどうかは判断できます。でも、れんにゃんはもともと野球をやっていたので、そういうことがまだ理解できません。そこで壁にズラリと並べられたラケットがある中、わざと硬式ラケットの前に立たせて硬式用を選ばせるような状況も作っています。実際に硬式用を手にしたときは、周りのボクたちは爆笑しました。ボクが小学生でソフトテニスを始めた頃、100円ショップでバドミントンのラケットを買ってきて、すぐに壊してしまったことを思い出しました。

　みなさんはラケットを買い替える際、そういう無茶な選び方は絶対にしないでください。

相方れんにゃんがラケットを買いたいと言い、ならば企画にしてしまえ!

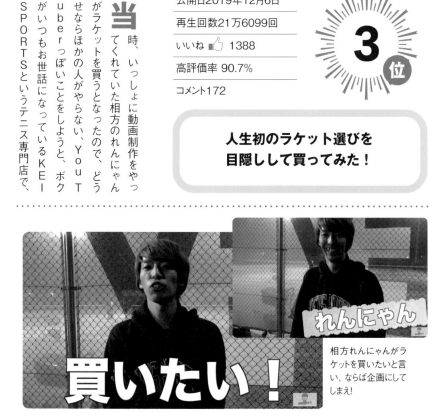

触れたら即購入という無茶ぶり企画にしたので、
れんにゃんがすごく悩む

野球出身のれんにゃんに目隠しをしてもらい
ラケット選び

ここだよ！
ラケットが呼んでるから！

外野があれこれ口出し。ソフトテニスラケットの
気配を感じて……ラケットが呼んでるから……

ガチです。

「人生初のラケットの買い物をこのような企画に変えられてしまいました」とれんにゃん

ここから不正防止のため
ノーカットでお送りします

部門別人気ランキング

指導部門

4位

公開日2019年6月17日

再生回数19万3824回

いいね 1087

高評価率 94.7%

コメント82

超巨大ラケットで大暴れしてきました！

これは、ボクが何年か前からMCを務めさせてもらっているヨネックス・ワールドチャレンジという大会で、ボクが行くようになってからあゆタロウ企画として、試合の合間にペットボトル当てゲームが始まりました。その企画とは別に、ヨネックスにはこんなに大きいラケットがあるよと教えてもらったので、これで試合をやったら面白いんじゃないかなと思って、「それでボク、あゆタロウ企画の試合に出ます。トップ選手とやらせてください」とお願いして実現しました。

巨大ラケットはソフトテニス用ではなく、どちらかと言えば硬式用で、各社さんが作ってお店やイベントのときのブースに立てかけています。基本的には飾るだけのプロモーション用で、実際にプレーするためのラケットではありません。

＼大活躍！／

あゆタロウは試合途中でデカラケに変更

ちょうどこの頃、『ジオブレイク70S』を初めて使いました。試合では1ゲーム目は普通のラケットで真面目に試合をして、エンドチェンジのときにいきなり端からボクがデカいラケットを持ってくる。観客は「なんだ、あれは！」という感じでザワザワし出して、だんだん盛り上がるという狙い通りの展開に持っていけました。

デカラケットを持っていると軽快に動けませんが、相手もトップ選手なので、思い切りそこにバコーン！と打ってくれます。ストリングが緩々で網目も大きいからボールが抜けてくるんじゃないかとヒヤヒヤしましたが、そういうこともなく、インパクトした瞬間はバイーン！と響く感じでボク自身も楽しめました。

部門別人気ランキング

指導部門

5位

公開日2021年3月19日

再生回数15万3985回

いいね 1618

高評価率 97.7%

コメント78

【新入生に朗報】軽くてめちゃくちゃ使いやすいラケットを発見！

この動画は、スポーツデポ×ミズノ×あゆタロウのコラボ動画です。公開した時期も4月に新入生になって、ソフトテニスを始めるという初心者に向けて、ラケットを紹介するという内容です。ミズノが新商品として初級者用のラケットを発表しましたが、カラーが4種類と豊富で、グリップがとても握りやすい。そういう点の説明もきちんとしています。

ミズノではないメーカーのラケットを買いたいという人にも、ラケット選びの参考になる動画になっていると思います。

この動画では、小林幸司さんが登場してカットサーブを教えてくれています。YouTube実状を少しだけ明かすと、新商品や初心者用のラケットは単に紹介するだけではあまり再生数は伸びません。だからメーカーアドバイザーでもある小林さんの技術指導を加えて、サムネイルで興味を持ってもらうようにしました。指導編・第4位の「これが世界トップのカットサーブ!!」の続編的な位置づけで、最後のほうに引きのある内容が入ると、動画の維持率が長くなる傾向にあるのです。

新入生向けラケットを小林さんといっしょに紹介

ただ商品を紹介するだけでなく、プレーを見せたりコメントしたり。全体を面白く構成

部門別人気ランキング

バラエティー部門

1位

公開日2018年5月11日

再生回数171万3286回

いいね 7633

高評価率 91.6%

コメント612

【ドッキリ】もしも街中で歩いてる女の子が国体選手だったら！

あゆタロウチャンネル全体でも、これまでで2番目に多い再生回数で、初めて100万回を突破した動画でもあります。この時期、もしも系ドッキリ企画が流行っていたので、それに便乗する形で作りました。国体の神奈川県代表だった知り合いの女の子に出演してもらい、準レギュラーのマルコにドッキリを仕掛けました。マルコが街中でラケットを持っている女の子に声をかけて、いっしょにテニスをしようという誘いが大成功します。でも、実際に試合をしたら女の子がめちゃめちゃ強かったというオチです。最初は女の子に下手なふりをしてもらって、マルコが気遣ってちょっと手加減してあげるんですが、徐々になんだか様子がおかしいぞ、となってきたときに、女の子がいきなり強打でアタックを打ち始める。急に女の子のスイッチが入る瞬間と、打たれたマルコの「えっ？」という表情が見どころです。以前、ボクがポケットウィズさんのチャンネルに出させていただき、「もしもオタクが国体選手だったら」というドッキリ企画をやったことがあります。初めのうちは弱いふりをして、ゲームカウントが追い詰められてから本気を出すという企画でしたが、そのときに仕掛けられたのもマルコでした。つまり、マルコは同じドッキリに2回引っかかったということです。

事前に打ち合わせはしっかりやりましたが、当日、女の子が遅刻して、本当に来ないんじゃないかという感じでした。ようやく来た頃にはちょうどいい時間で、それが逆にリアルな雰囲気に演出できた気がします。

もしも系ドッキリ企画スタート！

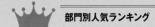

あゆタロウch
普通に知らない人に声かけるの！？

何も知らない準メンバーのマルコ

あゆタロウch
こんなあり得ない状況に
気づかないマルコ氏！

シャイなマルコに変わってあゆタロウが女の子に声をかける設定。すぐにOKの返事をもらって、それに気づかないマルコにビックリした

あゆタロウch
KEISPORT
この4人で試合していきます！

ボクとトモアキ君、マルコと女の子がペアになって試合をする

おかしいでしょ！（笑）

あゆタロウch
マジ！？

最初は抑え気味にプレーしていた女の子が豹変すると、マルコが動揺

バラエティー部門

公開日2018年9月10日

再生回数98万9911回

いいね 6959

高評価率 84.2%

コメント498

2位

10種類のサーブを習得しよう！

全日本クラブ選手権などでペアを組んだ赤魔王に手伝ってもらい、10種類のサーブを紹介していく企画です。上から打つフラットサーブやスライスサーブ、リバースサーブ、トップスピンのほか、カットサーブやバックカットなど、いろいろなサーブが出てきますが、サムネイルに使った「天空戻るサーブ」というタイトルに引っかかって見てくれた人が多かったようです。

ボクらが勝手にネーミングしたサーブですが、ボールに強烈なバックスピンをかけながら、天空を目がけて思い切り高く打ちます。ネット付近に落とせると、バウンドしたあとに自分たちのコートに戻ってきます。相手が返せない必殺技だ、という感じで披露したら、「天空戻るサーブすごっ！」といった多くのコメントが書き込まれましたし、たくさんの小学生が真似してくれたようです。試合やイベント会場に行くと、学生からも「天空戻るサーブの打ち方教えて！」と言われました。だからのちに天空戻るサーブの解説動画も改めて出すことになりました。

赤魔王と進行

ボールにラケット面をまっすぐ当てる

トスを右側へ

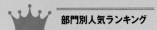

スライスの逆回転で右側に曲がっていく

あゆタロウch
4
リバースサーブ

上へ向かってラケット面を放り投げる感じ

あゆタロウch
3
トップスピンサーブ

あゆタロウch
6
バックカットサーブ

5
カットサーブ

あゆタロウch
8
ジャンピングサーブ

ポイントは「ギュ～ン」と言うこと

あゆタロウch
7
ショルダーカットサーブ

10
天空戻るサーブ！www

あゆタロウch
9
カットサーブと見せかけて
パーンと打つやつ！www

今日は天空戻るサーブの
打ち方を解説していきたいと思います

「【解説】天空戻るサーブの打ち方!」はこちら

部門別人気ランキング バラエティー部門

公開日2020年1月26日

再生回数57万5398回

いいね 3055

高評価率 95.7%

コメント410

3位

あゆタロウch始まって以来、過去最大にボコボコにされました！

これまでにもボクはトップ選手と試合をして、良い戦いをしたり勝ったりしたことがある中で、神奈川県の若い国体選手とシングルス対決をして、ボクもまだまだできるんだぞ、という姿を見せてやろうと意気込んで挑んだ企画でした。相手は当時、法政大の学生で、のちに厚木市役所に入る井上拓海選手です。ボクとは同じ時期にいっしょのチームだったことはありませんが、厚木市役所や神奈川県国体チームの後輩にあたります。お父さんも厚木市役所でテニスをやっていて、幼い拓海君をよく練習に連れてきていたので、いっしょに遊んだり、中学生になってからはテニスの相手をしてあげたりしました。

その拓海君に真剣勝負でボコボコにされました。もちろん、ボコボコにされる企画として試合をしたわけでもなく、だからバラエティー部門に入れるつもりもありませんでした。でも、気づいたらボコボコにされて、そのワード

井上拓海選手
（当時法政大）

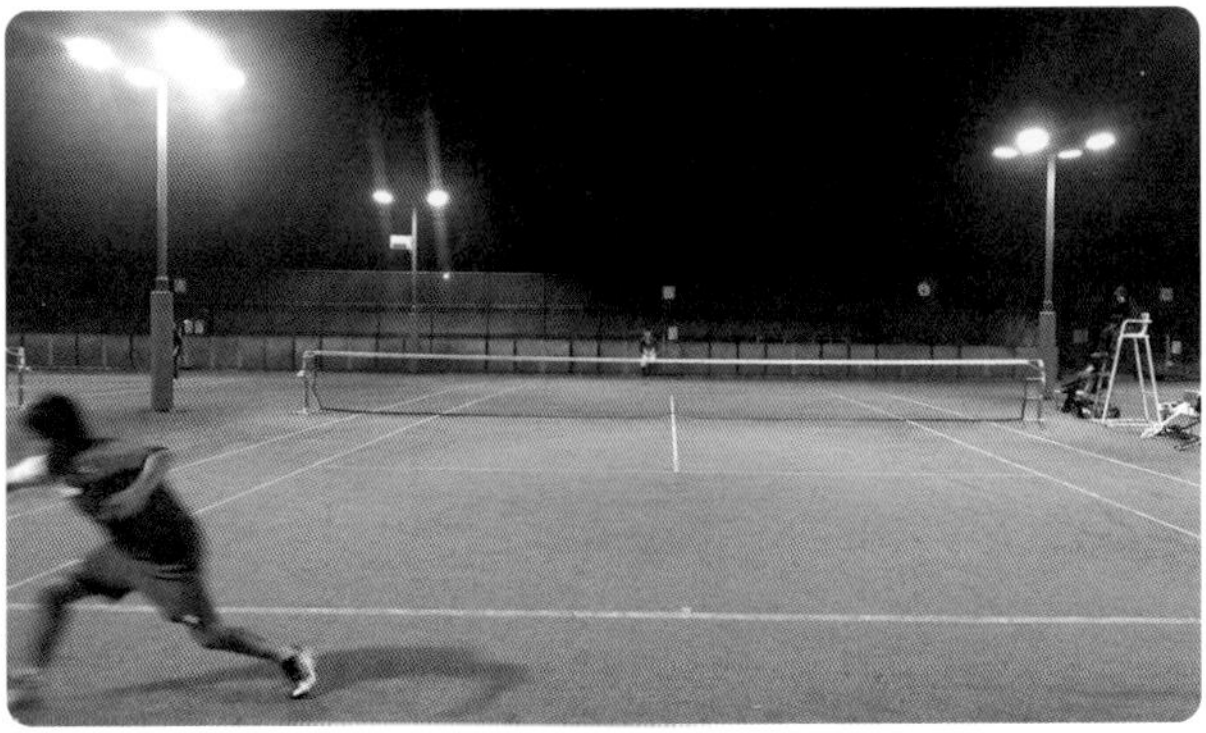

左へ……

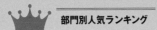

をタイトルに入れるならバラエティ部門が相応しいかなと判断しました。みんなはボクがボコボコにされている姿を見たくてこの再生回数になったような気がします。

瞬殺されました!!www
悔しいので、、、

右へ……

ああ……

そろそろ、、、
トレーニング開始しますか、、、
(;;)

☆歌ってみた配信中!
※気のなる方は概要欄へ!

リベンジ!!!

終了

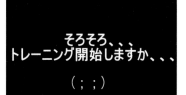

4位

公開日2018年6月29日

再生回数34万1016回

いいね 1660

高評価率 97.3%

コメント197

【ドッキリ】もしもギャルが国体選手だったら！

この企画では、まずYouTubeか当時のTwitter（現在のX）で、「ソフトテニスの動画撮影をするので来てください」と募りました。平日だったこともあって学生はいなくて、十数人の大人のみなさんが来てくれました。準レギュラーのAmarumeさんが指揮をとって、「あゆタロウはちょっと遅れているので、アップをして練習していましょう」から始まり、「まだ来ないようなので、シングルス大会をしましょう」と展開していきます。参加者同士による1ゲームマッチの勝ち抜き戦が始まりました。

実はその間、遅れているはずのボクは参加者の中に混ざっていました。ギャルのメイクをして金髪のカツラをかぶってミニスカートを履くので、すね毛も剃りました。どう見てもギャルではなく、身体つきも男性でしたが、ほかの参加者から男だと見られても良かったんです。あゆタロウだとバレないことが重要で、実際にうまくバレずに進行していたと思います。

途中でシングルス大会にギャル姿のボクが出ていって、参加者を連続で倒しまくりました。最終的には白熱して、カツラも豪快に外して、叫びながらプレーしています。見どころはカツラを取る瞬間でしょうか。まさにYouTubeっぽい企画で、やっているボクも面白かったです。

左が準レギュラーのAmarumeさん

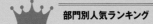

怖いので球を拾うふりして遠くに逃げる・・・(笑)

遅刻設定のせいで重たくなった空気を察し逃げるあゆタロウ

あゆタロウch
・もしもギャルが国体選手だったら！
みんなガチプレイヤーで焦るAmarumeさん・・・

あゆタロウ2時間遅刻の設定で場を仕切るAmarumeさん

ここから連勝が始まる……

あゆタロウch
・もしもギャルが国体選手だったら！
マジ～！？
(サーブ速・・・)

そして、ついに真実が明らかに

!!!!!!!!!

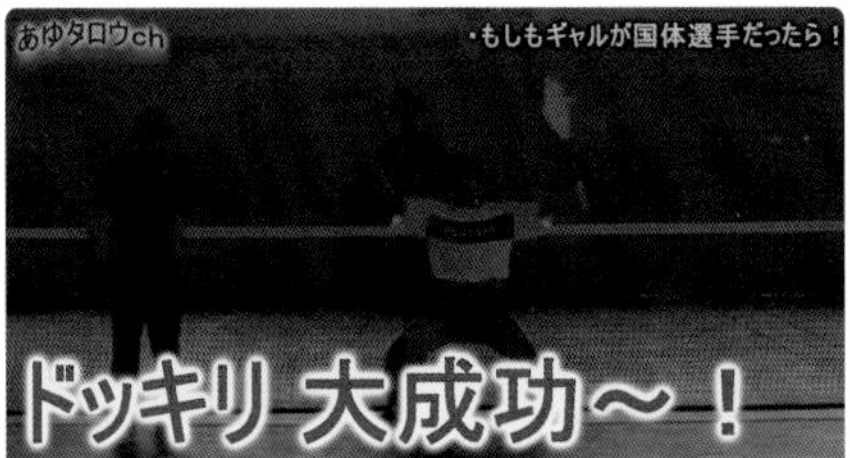
あゆタロウch
・もしもギャルが国体選手だったら！
ドッキリ 大成功～！

あゆタロウch
・もしもギャルが国体選手だったら！
皆さん結構レベルが高いwww

シングルスの勝ち残り戦スタート

あゆタロウch
・もしもギャルが国体選手だったら！
全然バレてないWWW

あゆタロウch
あゆタロウの出番キター！

5位

公開日2018年6月5日

再生回数30万7529回

いいね 1920

高評価率 100%

コメント175

【ドッキリ】国体２位の女の子の球がヤバすぎた！

友だちのともあき君にドッキリを仕掛けた企画です。設定としては、アタック止めを前衛目線で撮影し、どれだけ怖いかをともあき君に体感してもらう、というものでした。ただ、男子選手の強打では危ないから、女子の初心者に打ってもらうことにしましたが、実は海ちゃんというその女の子は名門の文大杉並高校出身で、国体2位になったこともある実力者。1球目からものすごいボールが打たれて、ともあき君がめちゃくちゃビビることになります。海ちゃんのトップ打ちは安定感があってお見事でした。

　ともあき君は後衛ですが、国体の神奈川県メンバーでもあります。始まる前はアタックだけど、女性の打つ球ならそれほどスピードはないだろうから取れそうだなと高をくくっていたようです。

　実際はズバッと打ち込まれた1本目に「これはヤバイ」と表情が一変する瞬間が見どころです。

今回のターゲットはボクの友達、ともあき君

素知らぬ顔で説明するあゆタロウ

何も感づいていないともあき君。
女の子のアタックだから……なんて甘い!

素性を隠してニッコリ笑顔の海ちゃん

あゆタロウと海ちゃんの
言葉に余裕を見せるとも
あき君

いざ!

番外編 1

公開日2019年12月27日

再生回数6万215回

いいね 513

高評価率 94.8%

コメント52

1人で100人に立ち向かう！！

これは、コート半面に100人に入ってもらい、もう半面にはボク1人が入って対決するという企画です。秋田県大館市で行ったイベントに集まってくれた人たちに協力してもらいました。満員のエレベーター内のようにコートに100

練習の様子

100人側「ミスったの誰?」

まさかのバレーボール形式（トス&アタック）で打たれた……

人がすし詰め状態で入っているなんて見たことないでしょうし、その状況でテニスをやったらどうなるかも想像ができません。そういう意味では、検証部門に入れてもいいのかもしれませんが、やはりバラエティの要素が圧倒的に強いです。

動画の概要欄には、「この企画は十分安全に配慮して行っております」と書きました。こういう注意書きを入れないと、「危ないだろう」とコメントしてくる方がいるからです。

参加者のみなさんには事前に「危ないからラケットは振らないように」とお願いしていましたし、動画を見てもらえればわかりますが、みんな直立してラケットを頭上に掲げるだけで、スイングできるようなスペースはありません。とにかくYouTubeっぽいというか、幼稚感がハンパないというか、見た目の映像にインパクトがあります。

さてこの勝負はどっちが勝ったか!?

100人側から「勝っちゃうけど?」の声

100人がラケットを持ってコートに入るとこんな感じ

公開日2019年3月2日
再生回数5万6834回
いいね 713
高評価率 96.2%
コメント106

【モニタリング】もしもソフトテニス部の顧問がYouTuberだったら

これは北海道であったイベントに呼んでもらったときに、モニタリング的に作った動画です。参加する生徒たちは、あゆタロウが来ると知らされていなくて、ボクは顧問の先生に扮して、生徒やほかの先生たちといっしょに練習に参加しました。寒い時期の北海道だったのでめちゃくちゃ厚着をして、帽子と眼鏡とマスクでバレないように変装しました。

ウォーミングアップの段階から生徒に話しかけたりして、少しずつ距離を詰めますが、挙動不審だったのか徐々に生徒たちから疑われるようになります。1本打ちの練習が始まると、カモフラージュで左手で打ち、男の子から「あゆタロウさんですか？」と声をかけられても否定して切り抜けました。でも、女の子がボクの打ち方やラケット、グリップの色で完全に気づいて、集合してもらったところで、「実はあゆタロウさんが来てくれました」で、わぁーっと盛り上がるところが見どころです。ボクとしてはみんなの反応が良くてうれしかったですが、別に芸能人でもないですから、ネタばらししたときにシーンとなったらどうしようとか、いや、シーンとなったらそれはそれでYouTube的には面白いか、などと思いながら撮影していた記憶があります。

顧問に変装したあゆタロウに、ある中学生が接近

まさかの否定で、ゴメンね!

部門別人気ランキング

バラエティー部門

番外編 3

公開日2018年9月12日

再生回数1万9835回

いいね 230

高評価率 94.2%

コメント52

【ソフトテニス×バドミントンどっきり】女子日本代表キャプテンに喧嘩ドッキリを仕掛けたらどんな反応をするのか!?

ヨネックスメンバーの一員として、バドミントンの世界大会に観戦に行き、そこにソフトテニス関係者も来るということで、かつて日本女子代表のキャプテンでもあった黒木瑠璃華さん（今は結婚して畑瑠璃華さんになっています）にドッキリを仕掛けました。国際大会で活躍した実績もあって、ヨネックスの監督も務めた黒木さんにドッキリなんて、と思われるかもしれませんが、ボクにとっては日体大の後輩にあたります。かわいい後輩へのちょっとしたイタズラですから、そんなに重くとらえないでください。

どういうドッキリかというと、黒木さんにも登場いただきながられんにゃんと撮影を始めますが、機材の準備がきちんとできていないれんにゃんに対し、ボクの機嫌が悪くなってだんだん険悪なムードになっていく。そのとき、黒木さんはどんな反応をするか？という内容です。見どころは、2人の間で気まずそうにしている黒木さんの表情です。でも、だんだん泣きそうになるのがかわいそうで、予定より早めにネタばらしをすることになりました。

あゆタロウch
今日はドッキリを仕掛けます！www
れんにゃん（左）とあゆタロウでドッキリを仕掛ける

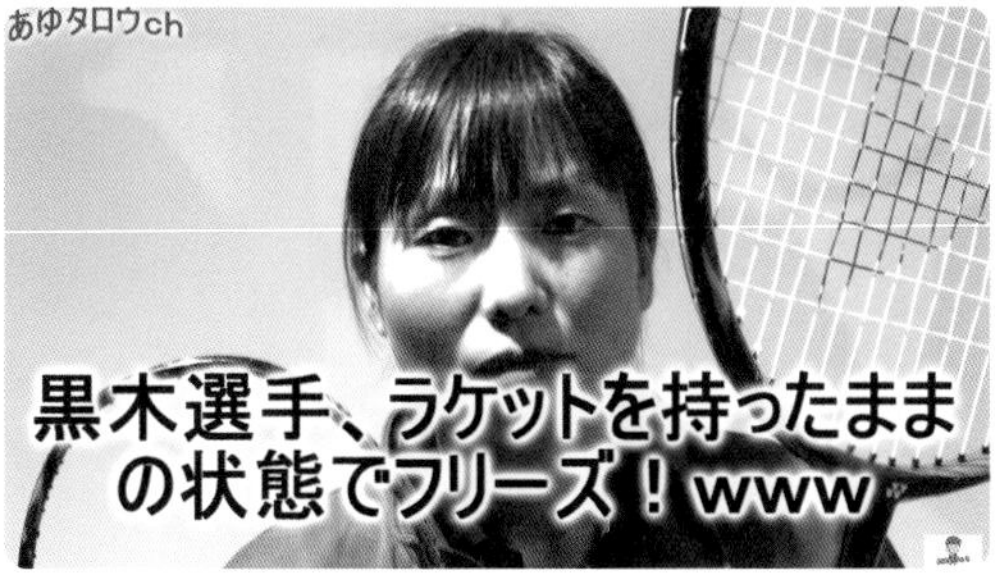
あゆタロウch
黒木選手、ラケットを持ったまま
の状態でフリーズ！www
黒木選手には申し訳ないのですが表情の変化に注目

部門別人気ランキング 検証部門

公開日2020年5月4日

再生回数 21,818回

いいね 278

高評価率 92.1%

コメント42

1位

**【検証】ヨネックスのシューズって
卵落としても割れないらしいから
家の2階から落としたった！**

検証動画は、ソフトテニスをやっていない人でも楽しめるような内容になるように作っています。この動画は、ヨネックスのシューズのすごさと、高い衝撃吸収性と反発性を持つクッション素材『パワークッション』の良さを知ってもらうために企画しました。よくイベントで行われている検証で、ヨネックスはパワークッションについて、「落とした生卵が割れずに跳ね返る」から疲れにくいと謳っています。

YouTubeで商品紹介の動画は、あまり再生回数が伸びません。ラケットはそれなりに見てもらえますが、ラケット以外のアイテムはなかなか見てもらえないことが多いです。そこで、より検証の部分を強調して紹介するのはどうかなと考えました。ただ、卵を落とすだけではつまらないので、家の2階から落としたらどうなるだろうと、ヨネックスの担当者には「あゆタロウっぽくやらせてもらいます」とだけ伝えて、実験用の器材を送っていただきました。実際にやってみたら卵が割れました、というオチでも、面白いと言えば面白いですが、もしそうなったら動画自体がお蔵入りになっていたかもしれません。ちなみに撮影では、あゆタロウのお母さんが登場して手伝ってくれています。

普段ボクが履いているヨネックスのランニングシューズとテニスシューズをまず紹介

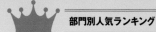

パワークッションの性能を検証するため、ヨネックスから実験セットを借りた。黄色の板のようなものがパワークッション

あゆタロウch

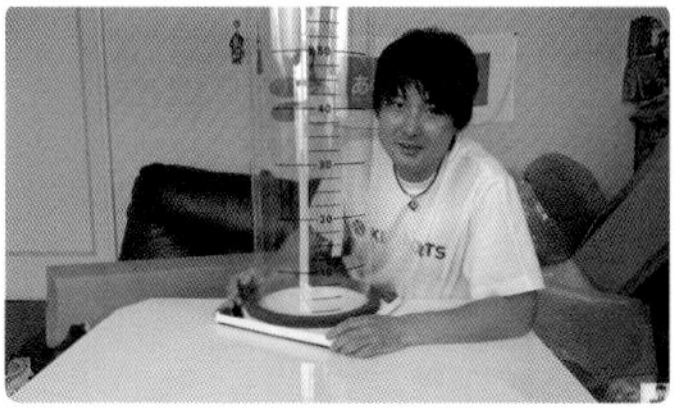

パワークッションとは!
衝撃を吸収すだけでなく、反発もする!

ヨネックスシューズのソールに採用されているパワークッションに注目

生卵をパワークッションの上に落とす実験。ただ落としても面白くないので、自宅の2階から生卵を落とすことにした。サポートはままタロウ

家の2階から落とします!

ままタロウ参上www

公開日2019年7月24日

再生回数 8万1667回

いいね 638

高評価率 92.2%

コメント 106

2位

【検証】グリップ20本巻いたら打てるのか!?

グリップテープを20本も巻いたことがある人はいないだろうし、見た目に面白いだろうなということから始まった企画です。結果的に打てることは打てますが、まともにラケットを振ることはできませんでした。見どころは、打っているところより、ラケットに20本を巻いているところかもしれません。KEI SPORTSでグリップテープを箱ごと購入し、店内の一角をお借りして、その場で開封して巻いていきました。当然ですが、どんどん厚みが出てきて、完成したグリップはボン！と大きく膨らんでなかなかインパクトがあります。

開封作業では、あゆタロウに憧れてソフトテニスを頑張っている「ちびタロウ」と弟の「ちびちびタロウ」にも手伝ってもらいました。5年前の動画なのでまだ幼い2人ですが、ちびタロウこと鈴木佐禄選手は中学生になって、いまや全日本U14のメンバーに入っています。当時はまだソフトテニスを始めていなかったちびちびタロウも、今はバリバリにソフトテニスを頑張っているようです。そうやってソフトテニスを楽しんで続けてくれているのもうれしいですね。

グリップテープ20本分を箱買い

手伝ってくれたのはれんにゃんと、ちびタロウ(右)、ちびちびタロウ(左)

グリップ巻きに集中するグリタロウ!?

ふたりはグリップテープの開封作業

まだ3本しか巻いていない

20本目のグリップテープをちび＆ちびちびタロウが準備

翌日、グリップテープを20本巻いたラケットで試打

公開日2021年9月29日

再生回数 1万7154回

いいね 226

高評価率 95.3%

コメント 32

3位

【検証】好きなストリング全部合体させて打ったら打ちやすいんじゃね？

この動画は、ボクがよく使っていたヨネックスの『スラッシュ』『シャープ』『ブラスト』『Vスパーク』という4種類のストリングを1本のラケットに張ってみた、という検証です。ラケット面の下半分にスラッシュ、上半分にVスパーク、左半分にブラスト、右半分にシャープを張り、とてもカラフルなラケット面になりました。実際に打つ前は、面の上のこのへんでインパクトしたらブラストを感じられるとか、シャープとVスパークの感覚を味わいたかったらこのへんで当てたらいいとか、想定していましたが、結果的にはそれぞれの違いはよくわからなかったですね。ただ、カットサーブを打ったときだけは、すごくよく回転がかかる感覚を得られました。

今回は企画としてチャレンジし、「4thハイブリッドストリング」と命名しましたが、視聴者のみなさんはくれぐれも真似しないでください。ストリングを4種類買わないといけないので、1万円ぐらいかかってしまいますし、お店にガット張りをお願いしても迷惑になりますから。でも、やってみて楽しい検証でした。

あゆタロウが好きなストリング
全部張ってみた〜〜！

スラッシュ シャープ
ブラスト Vスパーク

4種類を全部張りましたwww

横の水色が『スラッシュ』、黄色が『Vスパーク』、縦の紺色が『ブラスト』、赤色が『シャープ』

各々の特徴がでるのか！？

4th ハイブリット ストリング

比較するために
普通のストリングで打ちます

当たる場所で音が違うwww

これはマジで感じた！

4位

公開日2018年9月27日
再生回数 1万9032回
いいね 232
高評価率 97.2%
コメント 74

【検証】国体選手はテニスラケットでろうそくの火を消すことができるのか!?

火をつけたろうそくを約10㎝間隔で10本立てて、スイングの風圧で火を消すことができるか、という検証動画です。もちろん、ボクはラケットを振って検証しますが、ずっと野球をやっていた相方のれんにゃんにはバットでスイングしてもらい、どちらが多くろうそくの火を消せるかを比べました。結論を言ってしまうと、10本すべての火を消せたれんにゃんに対して、ボクは数本しか消せませんでした。ラケットとバットではそもそも風圧が違うのだろうと、ボクがバットで、れんにゃんがラケットでやってみましたが、れんにゃんのほうが多く消せたのは変わりませんでした。

ただ、ちょっと弁解をさせてもらうなら、ボクの場合は並んだろうそくの中ほど、実際に打つときはボールをインパクトするあたりが綺麗に消えていたので、ある意味で神業だなと。その部分は伝わってほしいなと思います。

動画の終盤では、悔しいから肺活量で勝負だと言って、〝ブーッ!〟と吹いたボクが10本全部を消し、負けじとれんにゃんもチャレンジというときに面白いオチがあります。そこはぜひ動画で楽しんでください。

ろうそくの火をスイングスピードで
消せるのか企画!

ろうそくを10cm間隔で10本用意

野球代表、れんにゃんはバットでスイング

れんにゃんの記録 全消しwww

あゆタロウの記録4本

テニス代表、あゆタロウはラケットでスイング

このときは自信満々だった……

見てろお前ら！

ラケットとバット交換して挑戦！

何が起きた!? ここから先はぜひ動画を見てほしい

5位

公開日2018年12月5日

再生回数3万2089回

いいね 272

高評価率 96.4%

コメント50

どこまでハンデ貰えば国体選手に勝てるのか【検証】

れんにゃん主導で、秋山ペイソン、はっとりちゃんの3人がボクに試合を挑んできますが、3人は勝つためにボクにいろいろな条件を課してきます。モノマネをしながらプレーするとか、利き手とは逆の左手で打つとか、グリップエンドだけでラケットを持つとか……。やがてテニスコートが制限されて、ボクは相手の半面にしか打てないとか、アレーゾーンしか打てないといった条件になり、最終的にはボクが目隠しをさせられます。着ていたパーカーを前後ろ逆に着て、フードを被っている姿はなかなかシュールです。

この3人があゆタロウに挑戦する企画

れんにゃん、秋山ペイソン、はっとりちゃんはそれほどソフトテニス歴が長いわけではないので、そこまでしないと勝てなかったというオチになりました。ボクも終始、どういう立ち位置でプレーすればいいか定まりませんでしたが、コメント欄には「あゆタロウさんのSキャラも良い味出してますね」という感想をもらいました。

かかってきなさい! このあとハンデの嵐がやって来る

ハンデ候補から選ぶれんにゃん

ネットの向こうでモノマネをしながら、軽々ポイントを取るあゆタロウ

モノマネしながら

左手(利き手ではない)

あゆタロウの凡ミスに大喜びのはっとりちゃん

しゃあー
3人の守備範囲
【端っこのみ】(アレー)

アレーを狙ってエースを取るあゆタロウに、立ち尽くすれんにゃん

左手でもうまいあゆタロウに天を仰ぐ秋山ペイソン

部門別人気ランキング
芸能人コラボ部門

1位

公開日2019年11月6日
再生回数 274万4010回
いいね 1万5000
高評価率 94.2%
コメント 1307

ついにコラボ!? ひょっこりはんとガチシングルス対決

この動画は、ボクのチャンネルで唯一、200万回再生を超えて、今のところ一番多く再生されたものです。ひょっこりはんさんは高校までソフトテニスをやっていて、You Tubeを始めたと耳にしたので、ボクからメッセージを送ったら「ぜひ、ぜひ」ということでコラボが実現しました。

当日はおなじみの青いタイツと白いタンクトップで登場していただき、ソフトテニスをするときはウェアに着替えるつもりだったようです。でも、そのままのほうが面白いだろうということで、着替えずに撮影を続けました。〝ひょっこりはんスタイル〟はコートでめちゃくちゃ目立っていました。

ひょっこりはんさんは滋賀県の草津東高校時代にインターハイにも出場していて、とても上手でした。芸能人の仲間と硬式テニスはやっていたけれど、ソフトテニスは久しぶりだったようで、最初は不安を口にしていましたが、しなやかな感じのフォームから鋭いボールを打っていた印象です。ラリーやシングルス対決では、お互いにだんだんヒートアップしていきました。視聴者からは「ひょっこりはんって、ソフトテニスできるんだ」とか「インターハイ選手だったのか」とか「うまい!」といったコメントが寄せられました。なんでもひょっこりはんさんは、あゆタロウチャンネルを見て『ジオブレイク』を買ったらしく、同じラケットでの対決になったのも面白いところです。

芸能人との初コラボ動画が大きく再生回数が伸びたわけですが、特に芸人さんは面白いです。事前の打ち合わせなどはほとんどしていないのに、反応とか一つひとつの発言がすごくユニークです。人柄も良くて、ソフトテニスをやっているということですごく親近感を感じられる人でした。ひょっこりはんさんにはその後、何度もあゆタロウチャンネルに登場していただくようになります。

視聴数で総合1位でもあるひょっこりはんさん初登場の動画

ひょっこりはん

新しいラケット、靴を揃え、「これだと恥ずかしいんで着替えてもいいですか？（笑）」

インターハイ出場経験あり！

普段、硬式テニスをやることはあってもソフトテニスは久しぶりとのこと

楽しい♪

ガチで試合、3ゲームマッチ

この衣装だとポケットがないから下に置く。この時点ですでに面白い（笑）

2位

公開日2021年6月16日
再生回数 15万3579回
いいね 1467
高評価率 95.4%
コメント 128

【初心者で過去最強説!?】おばたのお兄さんのポテンシャルが凄かった!

おばたのお兄さんがスポーツ万能なことは知っていたのと、日体大の先輩でもあって、YouTubeを開設したと聞いたので、こちらもボクからコラボをしたいとメッセージを送りました。おばたのお兄さんからは「ぜひソフトテニスをやってみたい」ということで快諾いただきました。

小栗旬さんのモノマネで登場した冒頭から面白かったです。おばたのお兄さんは野球やスキー、剣道などいろいろな競技の経験があるものの、ラケット競技となると、テレビのロケでバドミントンは多少やったことがあるくらいで、ソフトテニスはまったくの初挑戦でした。でも、特にアドバイスなく、思うがままに打っていただいたら、数球でコツをつかんだようで、センスの良さを感じました。要点を少し伝えると、すぐに順応できてしまうあたりでも運動神経がものすごく良いとわかります。タイトルにも入れましたが、本当に初心者では過去最強と言っていいレベルだったと思います。

ストロークやサーブ、ボレー、スマッシュと、すぐにある程度できてしまうので、終盤にはアタック止めにもチャレンジしてもらいました。しばらくしてボクがふいに速いアタックを打ったら、おばたのお兄さんが「急に打つな!」と騒ぎ出して、ワチャワチャするあたりは楽しくて見どころになっています。最後に乱打をしましたが、おばたのお兄さんは初心者とは思えない良いショットを連発して、改めてそのポテンシャルの高さに驚きました。

おばたのお兄さんは日体大の先輩

思うがままにボールを打っていただいた……

何も教えていないのにこの通り

うまい!

ボレーに挑戦してもらうことに。ここでモノマネをやるなら……続きはぜひ動画で

部門別人気ランキング　芸能人コラボ部門

3位

公開日2022年10月3日

再生回数1万4952回

いいね 212

高評価率 97.6%

コメント20

どちらが本当のあゆタロウか本気で勝負してみた！

これは、アイドルグループのNGT48に所属していた中村歩加さんとのコラボ動画です。2022年3月にNGT48を卒業したので、卒業から半年ほど経った時期での撮影となりました。

タイトルの「どちらが本当のあゆタロウか」というのは、中村さんも愛称が「あゆたろう」だからです。「たろう」の部分がカタカナか平仮名かの違いはありますが、同じあゆタロウとして譲れません。ボクがYouTuberとして活動を始める際、ほかに同じ名前はいないと思って、「あゆタロウ」にしましたが、インターネットで検索すると、検索上位に中村さんが出てくることに気づきました。盲点だったなぁと思いつつ、中村さんのほうも同じことを思っていたそうです。最初にコラボしたい旨のメッセージを送ったときは、返信がありませんでした。アイドルの方はそういう返信をしてはいけないそうです。でも、中村さんは中学でソフトテニス部だったらしく、SNSでは硬式テニスをしている画像もありました。いつかコラボしたいと思いつつ、再度メッセージを送ったらマネージャーを通して返信があり、実現しました。

最初のコラボ動画では中村さんにソフトテニスの感覚を思い出してもらい、2本目の動画でペットボトル当てゲームをして対決しました。中村さんは明るく楽しそうにソフトテニスをプレーしてくれて、アイドルらしい華がありました。今回のコラボをきっかけに、あゆタロウの視聴者はあゆたろうこと中村さんのことを、中村さんのファンの方はあゆタロウのことを知ってくださったと思うので、そういう意味でも意義のある動画になりました。

もうひとりのあゆたろうさんとコラボ

有名アイドルにめちゃくちゃ短いスコートを履かせてテニスさせてみた！

公開日2022年9月30日

再生回数6万7070回

いいね 687

高評価率 94.0%

コメント75

どちらが本当のあゆたろうか、
ゲームに勝ったほうが本物だ!

全部ひらがなのあゆたろうこと、
元NGT48の中村歩加さん

ちょっと大きめのペットボトル当てゲーム

もしあゆたろうさんが
先にペットボトルに
当てたら、もうひとり
のあゆタロウは踊る
約束をした

4位

公開日2021年7月19日
再生回数5万3133回
いいね 643
高評価率 94.7%
コメント44

あばれる君に試合で使えないラケットを渡してソフトテニスさせてみた!【ドクタースキル】

ソフトテニス未経験のあばれる君が登場してくれた動画では、最初に初心者練習用の『ドクタースキル』というラケットでソフトテニスに慣れてもらいました。ドクタースキルは、ラケット面が通常ラケットのスウィートエリアぐらいしかないサイズで、ボールを正確にとらえ、コントロール技術を向上させるためのラケットです。ちょうどヨネックスから発売された時期でもあったので、視聴者に知ってもらうためにあばれる君に使ってみていただきました。

ドライブ回転をかけたストロークを打てるようになるために、ボクの奥さんのみほたんが手投げで出すボールをひたすら1本打ちしていきます。あばれる君が打つときの独特なフォームが見どころの一つです。時々、良いショットも炸裂しました。あばれる君はすぐに試合をやりたがったので、「まだ早いでしょう」というボクとの掛け合いも面白いと思います。2本目の動画では、あばれる君待望の試合です。ハンデありでシングルスを行いました。お笑い芸人らしく一生懸命で、汗びっしょりになってコートを駆け回ってくれました。

あばれる君は小さなラケット面が特徴のラケットでソフトテニスを初体験

最初真っすぐ当てましょうか！

まずはボールにラケット面を当てる練習

最初からうまく当てるので褒めたら……

なめすぎでしょ！？

続いて順回転をかけてみようと挑戦したら、みほたんが危険を感じて避ける

独特のフォームになるのであった

うまく打てるあばれる君は、だんだん力が入っていき……

男子ソフトテニス部あるある！
どんどん力が入ってしまう！

公開日2021年6月13日
再生回数 3万9568回
いいね 368
高評価率 96.4%
コメント 30

5位

【旧ルール試合】ひろみちお兄さん数十年ぶりにダブルスの試合に挑戦！

元体操のお兄さん・佐藤弘道さんとのコラボ動画です。ボクにとっては日体大の大先輩にあたる縁もあってご紹介いただきました。このときはれんにゃんとみほたんのほか、KEI SPORTSの石森さん、芳村プロにも協力してもらい、取れ高が多かったので、3本の動画に分けて公開しました。

佐藤弘道さんは日体大の大先輩

ひろみちお兄さんは中学生のときにソフトテニス部で、その後はあまりプレーする機会はなかったそうですが、今回の撮影の4ヵ月前には女子の強豪クラブ『どんぐり北広島』でいっしょに練習してきたという気合いの入り様でした。

1本目の動画ではペットボトル当てゲームをやり、2本目にやった試合動画の再生回数が伸びました。ボクがひろみちお兄さんとペアを組み、相手が石森さんと芳村プロのペアです。試合自体は数十年ぶりというひろみちお兄さんの希望もあって、ひろみちお兄さんが中学生だった当時の旧ルールでの対決になりました。サーブを打つのは後衛だけというルールなので、前衛のひろみちお兄さんはレシーブとネットプレーが仕事です。練習から始めましたが、さすが体操のお兄さんだけあって、すぐに勘を取り戻した感じで、試合でも見事なスマッシュを見せてくれました。旧ルールはボク自身も初めての経験だったので、とても新鮮でした。

ひろみちお兄さんが現役だった当時のルール
（サーブを打つのは後衛だけ）で進行することに

試合開始。手前左がひろみちお兄さん、右があゆタロウ、
ネットの向こう側左が石森さん、右が芳村プロ

前衛だったひろみちお兄さんはボールを打ち始めると本領発揮

前衛のひろみちお兄さんが動く！

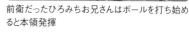

部門別人気ランキング **芸能人コラボ部門**

番外編

公開日2021年6月22日
再生回数 2万7225回
いいね 347
高評価率 92.5%
コメント 37

【左手でシングルス対決!?】レイザーラモンHGと3番勝負してみた!

芸能人コラボ部門のランキングした動画以外で個人的に面白かったのは、レイザーラモンHGさんとのコラボです。ボクがDMでメッセージを送って、「ソフトテニスは全然やったことないので……」ということでしたが、「ボクのほうですべて準備しますので」ということで来ていただけることになりました。

レイザーラモンHGさんと初めて対

ボク自身がとにかく面白かったレイザーラモンHGさんとのコラボ

面したときは、体格も良くてイケメンで「カッコイイ!」という第一印象でした。ひょっこりはんさんやおばたのお兄さんのときと同じで、登場から盛り上げてくれましたし、あのハードゲイの衣装でプレーしてくれたのにはとにかく笑えました。

企画としては3番勝負で、1本目はソフトテニス、2本目はレイザーラモンHGさんが得意な腰振り対決、3本目は気配切り対決としました。見どころはやはり腰振り対決でしょうか。お互いに腰に万歩計をつけて腰を振り、回数が多いほうが勝ちです。あの有名な腰振りを知っている方ならレイザーラモンHGさんの圧勝かと思うでしょうが、結末は……動画をご覧ください。

レイザーラモンHGさんはサービス精神旺盛で、いろいろと際どいポーズもしてくれて、動画的に使えないんじゃないかなというシーンもいくつかありました。2本目の動画ではアタック止めにも挑戦してもらっています。

お会いしたときから凄く真面目な方で、ご本人曰く「礼儀正しく」がモットーだそう

凄い真面目な方でしたｗｗｗ
KEI SPORTS
3番勝負をします！

1本目はテニス対決で、あゆタロウは左手でプレー

3番勝負
2.腰振り対

3番勝負
2.腰振り対決
30秒で何回振れるか

2本目は30秒間腰フリ対決で、レイザーラモンさんが10秒遅れでスタート

3番勝負
3.気配切り対

3番勝負
3.気配切り対決

3本目は気配切り対決で、緊張感ある駆け引きの末はいかに……

UUUMのYouTuberが日本一目指して全国大会に出場してみた！

（前編）

公開日	2020年11月8日
再生回数	62万3503回
いいね	3359
高評価率	96.4%
コメント	225

（後編）

公開日	2020年11月15日
再生回数	45万8798回
いいね	3901
高評価率	97.6%
コメント	241

前編、後編に分けたこの動画は、いろいろな意味で一番思い出深いものになっています。ボクがKEI SPORTSチームの一員として全日本クラブ選手権に出て、優勝して、それがきっかけで今の奥さん・みほたんとの結婚につながりました。

全日本クラブ選手権には前年の2019年に初めて出場し、そのときはベスト16で終わっていました。ボクはソフトテニスを始めてから日本一になった経験はありません。大学時代や国体でチームが日本一になったことはありますが、いずれもレギュラーではなかったので、自分がチームに貢献したという感じではありません。すると、チーム代表の石森さんが「今、こうして動けるうちに日本一を獲っておこう」と言ってくれて、そのひと言で始まった企画です。

動画内には入れていませんが、応援兼撮影係でみほたんも来ていて、大会が始まる前のミーティングで、石森さんがいきなり「今日、優勝したらあゆタロウはみほたんと結婚するから」と言いました。ボクもなんとなく勢いで、「優勝したら結婚します！」と宣言して、急に大事になりましたが、気づいたら決勝戦の舞台に立っていました。決勝戦は久々に緊張しました。

結果的にみんなの頑張りもあって、KEI SPORTSチームは見事に優勝を飾りました。ボクにとっても初めての日本一でしたから本当にうれしかったです。みほたんも泣いていました。その涙がうれし涙なのか、そうじゃないのかはわかりませんが(笑)。ソフトテニスはプレーするだけでももちろん楽しい競技ですが、試合で勝つのは最高に楽しいなと感じた一日になりました。

大会の模様は、『ソフトテニスマガジン』にも掲載されて、僕の名前は本名ではなく、「YouTuberのあゆタロウ」として紹介されました。本名ではない名前で載る人っているのかなと思うと、ちょっとおかしかったです。

予選リーグ
全勝で終了！

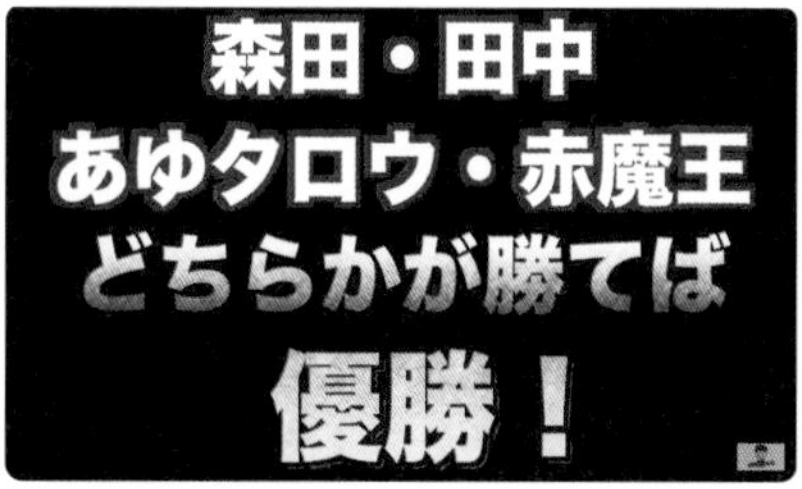
森田・田中
あゆタロウ・赤魔王
どちらかが勝てば
優勝！

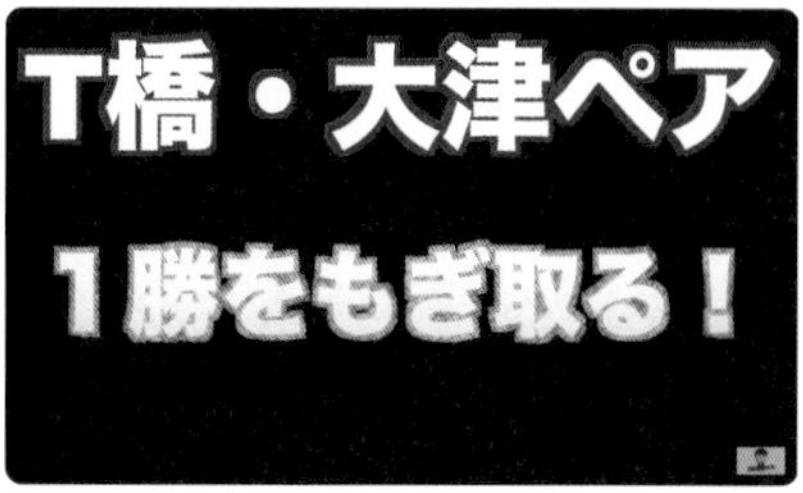
T橋・大津ペア
1勝をもぎ取る！

全日本クラブ選手権優勝！

森田・田中

森田・田中が2勝目を挙げて優勝決定!

初めての日本一は最高に楽しくて、うれしかった!

【ガチ大会】インターハイ準優勝から16年が経ち、再びこのメンバーで大会にでてみた！

(Part 3)	(Part 2)	(Part1)
公開日2022年4月8日	公開日2022年4月7日	公開日2022年4月5日
再生回数7万6368回	再生回数9万3762回	再生回数16万8795回
いいね 632	いいね 602	いいね 993
高評価率 98.3%	高評価率 96.1%	高評価率 98.2%
コメント38	コメント25	コメント62

サムネイルに「黄金世代の復活」と入れたように、ボクの高校時代の2学年上の先輩たちは全国でもトップレベルで、黄金世代と言われていました。そもそも小学生のときに同じメンバーで全国優勝して、ペアでそれぞれの中学校に分かれて全国で活躍し、「また高校で日本一を獲ろう」と伊勢原高校に集結したという人たちです。ボクらもその世代に憧れて伊勢原高校に入ったぐらい影響力がありました。

2006年大阪インターハイの団体戦で準優勝してから16年が経って、ボクのチャンネルでまた集まって大会に出てみようと言ってくれて、この企画が実現したという経緯です。みなさん30代半ばに突入して、半数ぐらいの先輩はもうソフトテニスをやっていませんでしたが、この日のために2、3回練習して本番を迎えています。本当によく集まってくれて、たまたま1人はケガでプレーできないということで、ボクがその隙間に入らせてもらいました。

高校の頃の先輩たちはレベルが違い過ぎて、ただただ憧れの存在でした。ボクが社会人になってから同じ土俵に立ってプレーできるようになって、より仲良くさせてもらっていますが、当時のペアでほぼ同じ順番で出ていくのを見ると、高校の頃の思い出が蘇ってきました。やっぱり中学とか高校時代のチームメイトはいいですね。

伊勢原高校ソフトテニス部OB集結！

おじさんなりましたねww

べちゃ
クちゃ

楽しくて、人の話をまったく聞いていない

16年ぶりの試合と言うことで
緊張気味のみなさん、、、

ALL 神奈川 強化大会
開会式

いざ試合となると、さすがに緊張が押し寄せる

16年越しの
円陣

ボクらと同じ感覚がきっとみなさんの中にもあるはず

大人になって忘れてたこの感覚

これは2024年2月に開催された厚木インドアという大会で、今回紹介してる中では比較的新しい動画になります。YouTuberでソフトテニスのプロとしても活動しているT橋と、急きょペアを組むことになって出場した大会でした。ボクもT橋も後衛なので、どういう陣形でやるかから決めないといけませんでしたが、話し合いの末、ダブル前衛でカットサーブを使うこと、前衛側のレシーブにはボクが入ることがすべて試合当日に決まりました。ボクはカットサーブの練習をまったくしていませんでしたが、まあ何とかなるだろうぐらいの軽い気持ちで試合に入っていきました。

そもそも厚木インドアには盛り上げ役として呼ばれていたので、あまり勝敗を意識していませんでした。その気楽さが良かったのか、初戦で東海大相模の高校生に、2戦目で関東選手権で2位になるような強豪ペア、溝端亮二／飯田脩三（千葉・ふれあいクラブ／厚木市役所）に勝ってしまうという、自分でもびっくりの展開になっています。決勝トーナメントの準決勝では野口快／関根颯斗（日体大）にファイナルの末に惜敗しましたが、3位決定戦では国体の神奈川県代表ペアに運良く勝つことができました。急きょの陣形やポジションにもうまく対応できた部分はすごく印象に残っています。

このときの結果で、「俺もまだまだ行けるな」と思ったわけではなく、単純に試合が楽しかったです。今ある武器でどう戦っていこうかが露骨に現れたというか、強い相手に対して自分のコンディションと今できることをフル活用して、うまく戦えたなと感じられた大会でした。

【厚木インドア】
ソフテニ YouTuber が
ダブル前衛で強敵達に挑む！

(part 1)

公開日	2024年2月12日
再生回数	1万1592回
いいね	148
高評価率	96.0%
コメント	29

(part 2)

公開日	2024年2月13日
再生回数	1万9063回
いいね	208
高評価率	97.7%
コメント	24

(part 3)

公開日	2024年2月14日
再生回数	1万7509回
いいね	174
高評価率	97.3%
コメント	22

(part 4)

公開日年	2024年2月15日
再生回数	1万1145回
いいね	142
高評価率	96.4%
コメント	11

あゆタロウとT橋で、厚木インドアに招待選手として挑戦

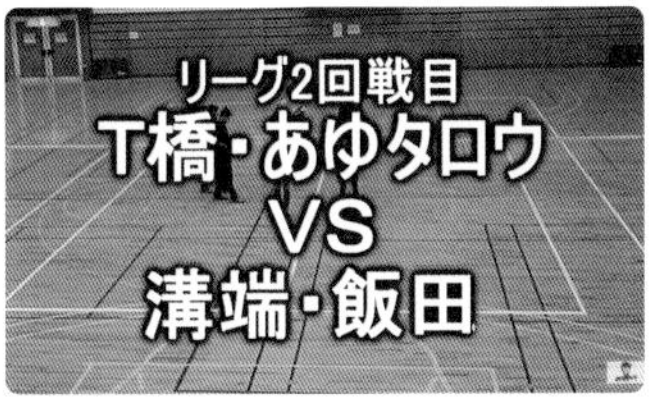
リーグ2回戦目
T橋・あゆタロウ
VS
溝端・飯田

リーグ1試合目
あゆタロウ・T橋
VS
高校生

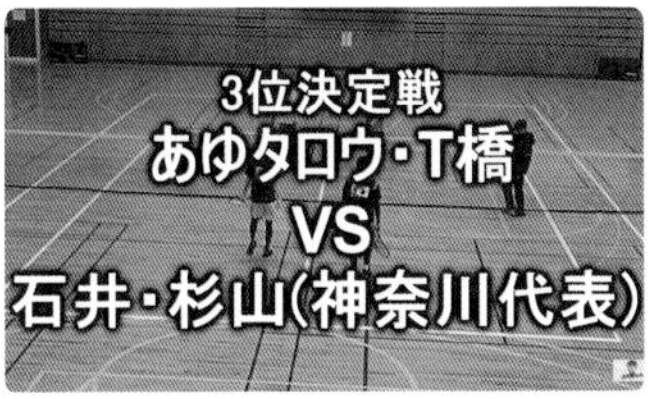
3位決定戦
あゆタロウ・T橋
VS
石井・杉山(神奈川代表)

準決勝
あゆタロウ・T橋
VS
野口・関根(日本体育大学)

このレベルが高い大会を勝ち上がって準決勝、そして3位決定へ

T橋・あゆG3-3野口・関根(日本体育大学)
P4-5

準決勝は日体大ペアに接戦の末、敗れる

T橋・あゆG1-0石井・杉山(神奈川)
P2-1
賞 状
第 三 位

3位決定戦の対戦相手は国体・神奈川代表ペア。この大会はダブル前衛が勝因のひとつ

表彰状をもらえた

第2世代ジオブレイク70Sで
全日本ミックス出場してみた!!

発売前の新しいモデル『ジオブレイク70S』を使って大会出場

公開日2023年6月21日	
再生回数 7万8217回	
いいね 467	
高評価率 98.4%	
コメント 44	

こちらもかなり最近の動画で、ボクが初めて全日本ミックス選手権という大会に出場したときの動画になっています。もともと別のペアとエントリーしていましたが、ほかの大会との兼ね合いで出場できなくなりました。ただ、同じ大会（年齢の別部門）にKEI‐SPORTSの石森さんが出場するので、その応援に行こうと気楽な気持ちで、ボク自身は棄権するつもりでいました。すると、現地の熊本の方がボクと組んでくれるペアを見つけてくれて、結局、ボクも出場できることになったということです。

急きょ決まったペアは、スポーツアイランドのmomoちゃんです。NTT西日本所属の林佑太郎選手のきょうだい、momoちゃん自身も名門の中村学園高校で活躍していました。結果的には予選リーグで敗退しましたが、熊本の学生にはファイナルのかなりの劣勢から挽回して勝つことができて、会場内で一番長い試合をした一方、次のヨネックスペアには1ポイントも取れずに完敗して、会場内で一番短い試合をしたと思います。そういう両極端な試合が続いたことが印象深いです。

ミックス初挑戦でしたが、難しかったですね。女性に遠慮したら勝てないどころか、今は女性もレベルが高いので、女性をどう生かすかという感じで、ミックスは奥が深いなと感じました。momoちゃんは高校卒業後にソフトテニスはもういいと、ずっとやっていなかったそうですが、今回の試合出場が楽しかったそうで、SNSを見るとソフトテニスをガンガンやっていてボクもうれしくなりました。またいっしょにミックスの試合に出られたらと思っています。

ボクたちの作戦は「元気よく!」

パートナーは紹介してもらった
中村学園出身のmomoちゃん

相手はいきなり超強敵大学生

今の試合で燃え尽きた
あゆ・ももちゃんペアは

次の試合で
大友・大友ペアに
ボコボコにされました、、、

そのあと、誰よりも
短い試合をして散った……

誰よりも長い試合をして逆転勝利!

【日本代表に密着！】2023 アジアシニア ソフトテニス選手権大会！【AnotherStory】

（後編）	（前編）
公開日2023年11月1日	公開日2023年10月31日
再生回数1万3444回	再生回数 1万7697回
いいね 124	いいね 153
高評価率 96.4%	高評価率 98.0%
コメント 10	コメント 12

「思い入れのある大会・試合部門」では唯一、ボクが試合に出場していない動画がランクインとなりました。タイトルに【Another Story】と入れたのは、この大会の少し前の時期に日本のナショナルチームがアジア大会で大活躍し、盛り上がったので、スピンオフ的な意味合いにしたかったからです。

アジアシニアソフトテニス選手権というのは、45歳から75歳までの各年代の優勝者がチームを作って戦う団体戦で、男女の日本選抜チームは韓国、台湾、開催地の東北選抜チームと対戦しました。KEI-SPORTSの石森さんが前年の全日本社会人45歳以上の部で優勝して代表になっていたので、その応援も兼ねて大会に密着させてもらえることになりました。

僕からするとおじいさんやおばあさんにあたる世代の参加者もいて、YouTubeも知らない方たちも少なくありませんでした。大会前夜の懇親会で、「YouTuberのあゆタロウです！」と挨拶したけれど、会場がシーンとなって、これはこれで初めての感覚だなと面白かったです。カラオケで1曲歌わされて、海外の方にもわかるようにSMAPの「世界で一つだけの花」を熱唱しました。ソフトテニスを愛する仲間ですから、世代が違ってもだんだん打ち解けて、可愛がっていただきました。

ボクはまだ出場できないアジアシニア大会に密着

年上の方と交流することでソフトテニスに対する考え方を聞けたり、試合当日はベテランのみなさんがどういう思いでプレーしているのかを間近で見れて、すごく楽しかったですし、勉強になったなという思い出があります。大会では男女ともに日本選抜チームが優勝して、日本はシニアも強いということを改めて感じました。

こういう大会も取り上げたい。
ソフトテニスに続いてほしいから

45歳から75歳までの各年代代表、
7ペアで構成された団体戦

日本選抜最年少の石森さんは、宣言していた通りに
ガンガン打っていた!

日本が誇るレジェンド軍団

東北選抜、韓国に勝利した日本選抜チームは、次に台湾と対戦。接戦でめちゃくちゃいい試合になった

最後の試合を決めた千野さん(右)と堀越さん

ボクは日本が誇るレジェンドたちに密着して
夢と希望をもらった!

おわりに

好きなことで、生きていく。

「はじめに」でも触れましたが、ボクがソフトテニスをやめようと思ったのは20代前半です。「ソフトテニスのトッププレーヤーになりたい！」というボクの希望と夢がしぼんでいったあの頃。限界、挫折、絶望を感じることは、誰しもが一度や二度、もしかしたらそれ以上、あることだと思います。そういうときに、ボクが過ごした時間が少しでもみなさんに生かされたらいいなと思い、ボクの経験を並べていったら一冊の本になりました。

読めばわかりますが、ボクのこれまでの人生は決して順風満帆ではなく、むしろそこからはほど遠いものでした。そのボクをほぼ隠さず見せることが、今日のみなさんの共感につながっているのだろうと思っています。実は、もがいてもがいて生きてきました。そうしたらあるときソフトテニスがボクを救ってくれた。続けてよかった。やめなくてよかったと心から思います。

ボクは今、好きなことをして生きています。ＹｏｕＴｕｂｅが仕事になると知ったきっかけは10年くらい前、ＹｏｕＴｕｂｅのキャンペーン「好きなことで、生きていく」のキャッチフレーズと、トップ動画クリエイターのヒカキンさんやヒカルさんの活躍です。テレビとは違い身近に感じられる人たちで、なんとなくみんなが疑問に思っていることを受け止め、タイムリーに発信する。そこから「あゆタロウチャンネル」は始まり、今年8年目に突入しました。

当初のコンセプトだったYouTubeっぽさも残しながら、小学生からプレーしてきたソフトテニスを軸に、企画を立て、撮影して、編集する。この〈もの作り〉もボクにマッチしていました。楽しいことをしていると、たくさんの方があゆタロウを知ってくれて、楽しんでもらえて、応援もしてもらえる。ボクもみんなもハッピーになる。ウキウキが止まりません。これがボクの「好きなことで、生きていく」です。

今回、この本を手に取ってくださったみなさんは、すでにあゆタロウを知っている方、知らないけど興味が湧いた方、ソフトテニスが大好きな方々だったと想像しています。そういうみなさんにボクのメッセージが届くことを願いつつ、最後にもう一言。スポーツは勝つことだけがすべてではありません。勝ちがすべてではなく、〈好き〉があること、〈希望〉や〈夢〉があるから楽しいということです。

あゆタロウ

あゆタロウチャンネルの仲間たち

構成	小野哲史、青木和子
写真	あゆタロウ、BBM
デザイン	泰司デザイン事務所
カバーデザイン	岡 泰司

あゆタロウチャンネル公式《こうしき》ガイドブック

日本一《にほんいち》楽《たの》しいソフトテニスの本《ほん》

2024年5月30日　第1版 第1刷発行

著者	あゆタロウ
発行人	池田哲雄
発行所	株式会社ベースボール・マガジン社 〒103-8482 東京都中央区日本橋浜町2-61-9 TIE浜町ビル 電話　03-5643-3930（販売部） 　　　03-5643-3885（出版部） 振替口座　00180-6-46620 https://www.bbm-japan.com/
印刷・製本	大日本印刷株式会社

ISBN978-4-583-11615-0　C2075